D1691119

Beta Book 0.1
By Tobias Krüger

Erste Auflage 2022
Published by Hello.Beta
www.hello-beta.org

Alle Rechte vorbehalten, insbesondere das der Übersetzung, des öffentlichen Vortrags sowie der Übertragung durch Rundfunk und Fernsehen, auch einzelner Teile. Kein Teil des Werkes darf in irgendeiner Form (durch Fotografie, Mikrofilm oder andere Verfahren) ohne schriftliche Genehmigung des Verlages reproduziert oder unter Verwendung elektronischer Systeme verarbeitet, vervielfältigt oder verbreitet werden.

All rights reserved.

Buchgestaltung: The New Radiance
Papier: Cyclus Recycling

ISBN 978-3-949948-48-0

Inhalt

Gleichstellung **5**
Vorwort **7**
Für wen ist dieses Buch? **11**
This is Beta. **13**

1 Durchstich **19**
2 Hebel **29**
3 Antrieb **39**
4 Relevanz **47**
5 Messung **55**
6 Ausdauer **65**
7 Fehler **71**
8 Leadership **77**
9 Lösungen **87**

Und jetzt? **91**
Hello.Beta **95**
Finanzierung **97**
Danksagung **99**

Gleichstellung

Wir haben uns viele Gedanken dazu gemacht und uns lange überlegt, wie es uns gelingen kann, in diesem Buch eine gendergerechte Sprache zu verwenden. Klar ist: dieses Thema verdient unsere Aufmerksamkeit, weil Sprache Realitäten schafft. Die Sprache drückt Machtverhältnisse und Selbstverständnisse aus. Dies trifft in ganz besonderem Maße auf die Welt der Wirtschaft im deutschsprachigen Raum zu. So erlaubt es die verwendete Sprache auch die Sicht des Autors auf diese Welt nachzuvollziehen. Wir sind uns dieser Wirkung bewusst und wollen daher achtsam mit dieser Verantwortung umgehen.

Wir haben alle gängigen Schreibweisen – ob mit großem „I", mit Sternchen oder Doppelpunkt – ausprobiert. Richtig gefallen hat uns das alles nicht. Es stört den Lesefluss und macht viele Sätze sehr kompliziert. Auch die Verwendung von neutralen Begrifflichkeiten (etwa „Teilnehmende") kommt an manchen Stellen seine natürlichen Grenzen. Wo es geht, verwenden wir diese Schreibweise selbstverständlich. Wir hätten es uns leicht machen können, in dem wir sagen: Wir bei Hello.Beta inkludieren alle Geschlechter, wenn wir die männlichen Formen verwenden. Wir glauben an Fortschritt, an Gleichberechtigung und an Kommunikation auf Augenhöhe. Daher kehren wir den vorherrschenden Sprachgebrauch einfach um und verwenden ausschließlich die weiblichen Formen und subsumieren unter diesem auch alle anderen und im speziellen das männliche Geschlecht.

Vorwort

Fuck. Jetzt sitze ich hier und schreibe ein Buch über die digitale Transformation. Du hast sicher schon zig Sachen gehört und gelesen. Du kennst bestimmt mehr Ratgeber und Theorien als ich. Die ganzen „Die Welt ist böse und gemein"-Geschichten hast du schon gehört: Nokia tot. Kodak auch. Und Uber ein sehr wertvolles Unternehmen, obwohl die kein einziges Taxi besitzen. Airbnb auch viel wertvoller als Hilton, ohne ein Hotel zu besitzen. Tesla hängt mal eben die gesamte deutsche Autoindustrie ab, und bei der Digitalisierung des Bildungswesens oder der Behörden gibt es ganz offensichtlich noch einiges zu tun bei uns im Land. Das, was den, wie es immer so schön heißt, Wirtschaftsstandort Deutschland groß gemacht hat – wird nicht mehr gebraucht. Alles gescheitert. Uns droht allen der Abstieg! Am Ende ist das alles nicht neu. Der Erkenntnisgewinn bleibt gering. Die Geschichte ist lange auserzählt, und es ist fast schon so, dass einem beim Zuhören langweilig werden könnte. Und diese ganzen Streetfighter-Storys à la „Vergiss alles, was du bisher gehört hast, ich erzähle dir, wie es wirklich geht": Alles schon da gewesen. Die Quintessenz jedes halbwegs guten Change-Ratgebers hast du auch schon verinnerlicht: Der Schlüssel zu der Veränderung bist du selbst. Auch all die Appelle an uns kennst du: Wir müssen agiler werden! Und flexibler! Und überhaupt ...

Aber was soll dann dieses Buch? Ich beschäftige mich mein ganzes berufliches Leben mit der digitalen Transformation von Organisationen und Geschäftsmodellen. Ich habe in unterschiedlichen Rollen in unterschiedlichen Unternehmen die Veränderung vorangetrieben. Und mich mit –

ungelogen – Hunderten von Unternehmen, Institutionen, Behörden und Nichtregierungsorganisationen (NGOs) zu diesen Themen ausgetauscht. Mir ist auch bewusst, wie privilegiert ich dabei gewesen bin. Ich habe häufig die Gelegenheit gehabt, mit vielen Entscheiderinnen und Top-Managerinnen zu sprechen. Gleichzeitig konnte ich mit den Mitarbeitenden dieser Organisationen in den Austausch kommen.

So hat sich mein Blick auf das geschärft, was landläufig unter der digitalen Transformation verstanden wird. Und je mehr ich mich mit diesem Thema beschäftigt habe, desto klarer sind mir wiederkehrende Muster für nachhaltige und erfolgreiche Veränderungsprozesse geworden. Allzu oft gab es aber auch diesen fahlen Beigeschmack. Denn zu häufig wird digitale Transformation verstanden als die Investition in einen neuen Laptop und die Einführung von irgendeinem neuen Tool. Aus meiner Sicht ist genau das ein Riesenproblem. Denn: Das reicht nicht. Das reicht leider ganz und gar nicht, um uns fit zu machen für die Herausforderungen, die mit der fortschreitenden Digitalisierung unserer Welt einhergehen.

Was mir all diese Gespräche und meine eigenen Erfahrungen gezeigt haben? Dass Transformation nur gelingt, wenn man sie ganzheitlich angeht. Und diese Erkenntnisse und Gedanken möchte ich mit euch teilen. Denn genau hier glaube ich tatsächlich einen echten Beitrag leisten zu können. Weil der Teil der Digitalisierung, der den meisten am schwersten vorkommt, eigentlich der Teil der Transformation ist, der am einfachsten ist. Eine neue Strategie ist schnell geschrieben, ein neuer Prozess schnell designt. Dann noch schnell Geld in die technologische und/oder logistische Infrastruktur investiert, zum Schluss noch eine gute PR drüberlegen, und fertig ist das Digitalisierungsprogramm. Klappt nur nicht. Denn dieses Vorgehen ist häufig schon ein Teil des Problems. Ich bin sehr demütig vor den anstehenden Veränderungen. Und ich habe auf vieles keine Antworten. Aber dafür richtig Lust darauf, gemeinsam rauszufinden, was es braucht, damit wir als Gesellschaft – und das schließt im Besonderen all die vielen bestehenden Organisationen mit ein – nicht aus der Kurve fliegen. Damit wir alle endlich gemeinsam aus dem Knick kommen bei der so dringend benötigten digitalen Transformation. Okay, das klingt pathetisch. Und trotzdem ist es wahr. Wir stehen als Gesellschaft vor so grundsätzlichen und unumkehrbaren Veränderungen, die mit solcher Wucht und einer unfassbaren, bisher nie da gewesenen Geschwindigkeit auf uns zurasen, dass uns ganz einfach die Zeit allmählich davonläuft. Dabei scheinen wir auf vieles noch nicht gut genug vorbereitet zu sein. Ich habe ein bisschen das Gefühl, dass man nicht recht wahrhaben möchte, dass alles, und ich meine wirklich: alles, ganz wirklich: alles digitalisiert werden wird, was zu digitalisieren geht. Warum? Weil es einfacher ist! Weil es bequemer ist! Und: Weil sich damit gutes Geld verdienen lässt!

Natürlich hat es ähnliche Umwälzungen in der Menschheitsgeschichte bereits gegeben. Ob es die industrielle Revolution, die Elektrifizierung oder aber die Renaissance war: Als Gesellschaft haben wir schon vieles gemeistert. Dieses Mal ist allerdings eine entscheidende Sache anders: die Geschwindigkeit. Die ist tatsächlich brutal. Zum einen die Geschwindigkeit des rein technischen Fortschritts. Aber auch die Geschwindigkeit der Verbreitung dieser (technologischen) Innovationen. Alles ist quasi direkt auf der ganzen Welt zeitgleich verfügbar. Das Disruptionspotenzial ist gigantisch. Denn es gilt weiterhin die ganz banale Wahrheit, dass Kundinnen nach der Lösung von Problemen suchen und sich damit auch in Zukunft Geld verdienen lässt.

Mein Wunsch wäre, dass es uns als einer der führenden Industrienationen auch weiterhin gelingt, in einem zunehmend globalen und digitalisierten Wettbewerb sehr viele Probleme zu lösen. Deshalb teile ich mit euch gerne meine Erfahrungen und meine Perspektiven. Ganz selbstlos und ohne Hintergedanken. Daher hast du für dieses Buch auch nur genau so viel bezahlt, wie es dir wert ist. Reich werde ich damit nicht. Das ist auch nicht schlimm. Ich wünsche mir, dass dieses Buch dazu beiträgt, einen echten Dialog darüber zu führen, wie wir in einer digitalisierten Welt gemeinsam leben möchten. Ohne dieses ganze polemische und populistische Beiwerk, das immer nur spaltet. Die Herausforderungen, die es zu meistern gilt, erscheinen mir dabei so groß, dass wir sie nur gemeinsam werden lösen können. Es geht mir dabei stets um ein „und" und nie um ein „entweder – oder". Zuschreibungen vermeiden, Perspektiven nachvollziehen und respektvoll an konstruktiven Lösungen arbeiten: Das hier ist mein Beitrag für diese Welt. Ich lege euch all mein Wissen für die Veränderungen in Organisationen in die Hände. Damit wir gemeinsam wachsen. Damit wir gemeinsam Lösungen entwickeln.

Für wen ist dieses Buch?

Natürlich habe ich mir sehr genau überlegt, für wen ich eigentlich dieses Buch schreibe. Menschen sind sehr verschieden. Haben unterschiedliche Hintergründe. Sind anders sozialisiert. Haben unterschiedliche Einstellungen, Ansprüche und Interessen. Sie führen verschiedene Tätigkeiten in Organisationen aus. Sind mal mehr, mal weniger motiviert.

Dieses Buch richtet sich an alle die, die wollen. Es ist kein Buch, das für eine bestimmte Hierarchieebene oder für eine spezielle Funktion geschrieben wurde. Es richtet sich explizit nicht nur an Vorstandsmitglieder, Führungskräfte, Personalerinnen oder Organisationsentwicklerinnen. Es ist für all diejenigen, die in ihren Organisationen – ob die nun groß oder klein sind, privatwirtschaftlich oder staatlich organisiert, national oder international tätig – an Grenzen stoßen. Für all diejenigen, die sich fragen, ob die eigene Organisation in Zukunft noch erfolgreich sein kann, wenn doch um einen herum riesige gesellschaftliche Veränderungen stattfinden. Es ist für die Menschen, die den Druck spüren auf die eigenen Geschäftsmodelle. Und für alle, die nicht ganz sicher sind, ob die Programme und Programmatiken rund um die digitale Transformation wirklich die eigene Organisation in die Zukunft führen. Für alle, die gestalten wollen, und für alle, die Lust haben, Verantwortung zu übernehmen. Und das bedeutet im Umkehrschluss nicht, dass all die anderen Menschen, die sich diese Fragen nicht stellen, weniger wert oder weniger wichtig für eine Organisation wären. Ich finde es sogar vollkommen legitim, zu seiner Arbeitsstelle zu kommen, dort seine vertraglich vereinbarte Zeit zu verbleiben und dann ein hoffentlich erfülltes Leben außerhalb dieses Kosmos zu leben. So ist Arbeit heute im Kern organisiert: der Tausch von Lebenszeit gegen Geld.

Ich erwarte auch von niemandem, dass er nach Höherem strebt, immer die berühmte Extrameile läuft und sich ausschließlich über die Arbeit definiert. Und so sind sehr viele Organisationen heute sehr erfolgreich, und viele Mitarbeitende sind mit diesem Lebensmodell sehr zufrieden. Und das ist fair. Und das ist gut. Denn Erfolg ist immer trotzdem. Bekehren will ich auch niemanden. Wer also nicht daran glaubt, dass Organisationen sich verändern müssen, wird hier wenig finden, was ihn davon überzeugen wird. Wenn wir aber auf derselben Wellenlänge unterwegs sind und du an das Potenzial von dir, deinen Kolleginnen und deiner Organisation glaubst; wenn es dir darum geht, immer etwas besser zu werden, neugierig zu sein, und du Lust hast, Dinge auszuprobieren: Dann bin ich mir sicher, dass du viel Spaß haben wirst mit diesem Buch.

This is Beta.

Dieses Buch ist nur die Spitze des Eisbergs. Es kann auch nur die Spitze des Eisbergs sein. Der Versuch, die Menge meiner Erfahrungen, Beobachtungen und Gespräche auf das Wesentliche zu reduzieren, zu verdichten und entsprechend zuzuspitzen. Du hältst also das Destillat meiner Erfahrungen und Erkenntnisse in deinen Händen. Daher polarisiere ich an manchen Stellen sehr bewusst und teile auf in Schwarz und Weiß. Und das in dem Wissen, dass es ganz viel Grau dazwischen gibt. Und dennoch hoffe ich, so pointiert Pole freizulegen und Spannungsfelder zu beschreiben. Jedes Kapitel ist ein Pitch dafür, dass du dich mehr mit den Themen beschäftigen willst. Rasend schnell und mindestens so gut wie ein Gespräch, das so dicht und voll mit Perspektiven ist, dass du gar nicht gemerkt hast, wie spät der Abend darüber schon geworden ist.

Gleichzeitig bleibt es unfertig und unvollständig. Es will und muss an anderer Stelle fortgesetzt und weiterentwickelt werden. Daher hat dieses Buch auch nicht den Anspruch auf „die Wahrheit" oder „den richtigen Ansatz". Dafür ist die Welt zu komplex. Das Buch bleibt immer Beta. Ein lebendes Dokument. Das von Kapitel zu Kapitel an Souveränität gewinnt. Am Anfang aufgeregt und in Teilen ruppig. Zum Ende hin sachlich und schlicht. Es ist auch die Genese meines eigenen Schreibens. Es wird daher auch immer wieder Updates und Veränderungen erfahren. Es ist per se agil, flexibel und fluid. Es bleibt immer Beta. Jede Auflage ist ein neues Wesen. Mehr als nur weniger Rechtschreibfehler. Es ist und bleibt damit im Kern vor allem eine Einladung zu einem offenen Diskurs.

Ich bin sicher: Wir werden gemeinsam scheitern, gemeinsam weitermachen und gemeinsam weiterlernen. Müssen. All das steckt in diesem Buch. Dabei hangeln wir uns von Kapitel zu Kapitel entlang der wesentlichen Aspekte von Veränderungsprozessen. Sicher wird nicht alles behandelt. Aber das allermeiste. Und vor allem das, was aus meinen Beobachtungen und Erfahrungen heraus das Wichtigste ist. Das, was den Unterschied macht. Und das, was es statt der üblichen Phrasen braucht. Versprochen. Daher teile ich zu Beginn eines jeden Kapitels meine Perspektiven auf die Themen. Ich nehme dich mit auf eine Reihe von kleinen Gedankenspielen, und wir entwickeln anschließend gemeinsame Perspektiven. Gerne teile ich mit dir am Ende eines jeden Kapitels erfolgreiche Strategien sowie Produkt- und Formatideen, die sich in diesem Themenfeld bewährt haben.

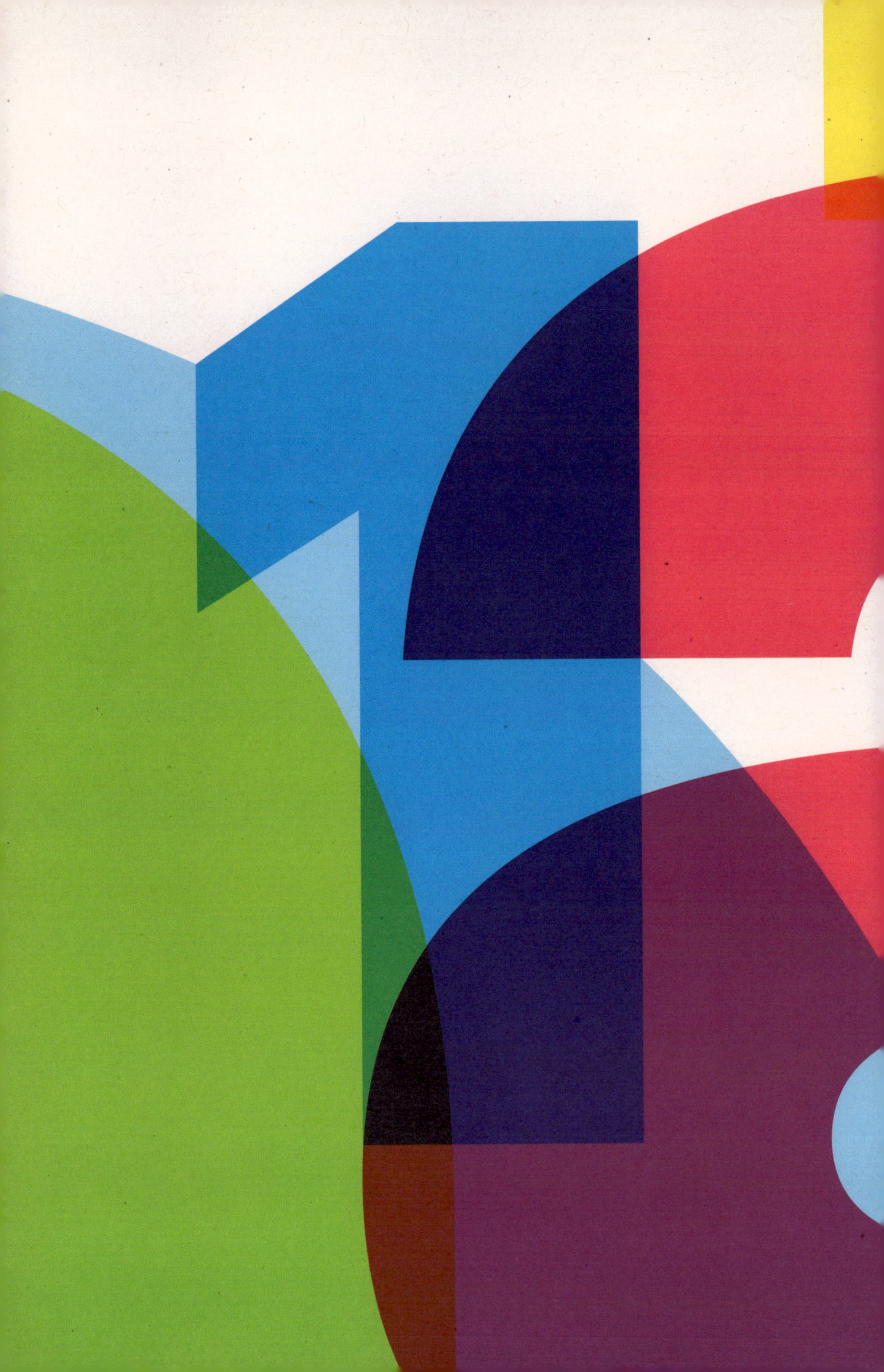

Durchstich

Durchstich

Ich habe vieles scheitern gesehen: kleine Initiativen, große Programme und alles Mögliche dazwischen. Vielleicht ist mein Anspruch auch einfach zu hoch. Vielleicht ist für mich nachhaltiger Erfolg in Transformationsprozessen einfach mehr als ein paar grüne Ampeln in irgendeiner Vorstandspräsentation. Es reicht mir nicht, ein paar Poster aufzuhängen und Mousepads zu verteilen. Auch der Kicker in der Ecke oder eine neue Strategie von der Bühne zu erzählen ist mir nicht genug. Ich glaube zutiefst an den Business Case einer echten und ganzheitlichen Transformation. Und auch wenn der Return on Investment meistens schwer objektiv zu messen ist, müssen alle überzeugt sein, dass es sich auch finanziell lohnt, den ganzen Schmerz und die Strapazen auf sich zu nehmen. Denn es geht um viel mehr als ein bisschen Esoterik. Natürlich ist es großartig, wenn Mitarbeitende sich wohler fühlen bei dem, was sie tun. Aber tatsächlich interessiert das erst einmal nicht. Wenn ihr es nicht schafft, Probleme eurer Kundinnen besser, schneller oder billiger zu lösen, dann hört sofort auf mit euren Veränderungsbemühungen. Wir bewegen uns alle in einer kapitalistisch geprägten sozialen Marktwirtschaft. Und da gilt bekanntlich, dass der Schnellere gewinnt und der Schwächste fliegt. Egal wie wohl sich die Mitarbeitenden dabei fühlen.

Am Ende geht es mir bei der digitalen Transformation daher um nichts Geringeres als das unternehmerische Überleben. Und mit viel Glück auch darum, mit dem eigenen unternehmerischen Handeln die Zukunft ein Stück weit mitzugestalten. Die größte Herausforderung ist dabei die Kombination aus zunehmender Globalisierung und gleichzeitig fortschreitender Digitalisierung. Sie führt dazu, dass ihr mit sehr großer Wahrscheinlichkeit mit dem, was euch bisher erfolgreich gemacht hat, zukünftig nicht mehr erfolgreich sein werdet. Es wird schlicht nicht reichen, um in der Zukunft weiterhin am Markt zu bestehen. Viele der Fähigkeiten, Produkte und Dienstleistungen, die euch erfolgreich gemacht haben, werden entweder nicht mehr gebraucht, können einfach ersetzt werden bzw. sind leicht zu kopieren oder werden in Zukunft leicht zu kopieren sein. Und ja – auch große Teile der heutigen Produktion werden sich radikal verändern.

Ein „Weiter so" kann es daher aus meiner Sicht in ganz vielen Industrien nicht geben. Man sollte sich ernsthaft fragen, warum es die Organisation, in der ihr euch bewegt, in einer zukünftigen nahezu vollständig digitalisierten Welt noch braucht. Was ist der Zweck? Warum sollten Menschen irgendwas von euch kaufen wollen? Wieso ihr Geld bei euch lassen?

Klingt erst mal trivial, ist es aber nicht. Und nur sehr wenige Unternehmen haben heute eine klare Antwort auf diese Fragen, egal wo ihr hinguckt, ob es nun Banken, Pharmafirmen, Automobilhersteller oder Versicherungen sind. Die Fantasie für das eigene digitale Geschäftsmodell reicht meistens gerade noch bis zu einer schicken App oder einem Social-Media-Account. Es gibt leider ganz, ganz wenige Unternehmen, denen es gelungen ist, den Kern ihres Geschäftsmodells durchgängig zu digitalisieren. Viele haben digitale Services um ein physisches Produkt etabliert, trauen sich aber an den Kern des Geschäftsmodells kaum ran. Das ist deswegen schlecht, weil ich wirklich glaube, dass alles digitalisiert werden wird, was zu digitalisieren geht. Und dann kommen (neue) Marktteilnehmer, die meistens irgendwo anders schon das Konzept „Digital" verstanden haben, und räumen reihenweise und global die alten Platzhirsche ab. Das geht dann so schnell, dass man keine Chance hat, noch zu reagieren. Es gibt heute schon reichlich Beispiele für diese Mechanik, und so wird Industrie um Industrie nach und nach aufgemischt. Und am Ende ist es zwar schmerzhaft, aber wahr: Niemand wird euch vermissen. Warum auch, wenn ein Kundenproblem besser, billiger oder sogar besser und billiger gelöst werden kann? Ich bin davon überzeugt, dass euch selbst starke Marken nicht vor solchen Entwicklungen schützen werden. Dafür funktionieren globale Märkte zu radikal, sind Menschen in der Breite zu rational und mögliche digitale Konkurrenten zu aggressiv und häufig auch zu finanzstark. Marken können daher Entwicklungen verzögern oder ein Überleben in klar abgegrenzten Nischen erlauben. Wirklich schützen können sie eine Organisation aus meiner Sicht aber nicht vor einer der größten Umwälzung der Geschichte: den sich verändernden Lebensrealitäten von Milliarden von Menschen. Um das zu begreifen, reicht es, wenn wir den Blick auf uns ganz persönlich richten. Wann hast du das letzte Mal gedacht: „Oh, schade – das hätte ich jetzt aber wirklich gerne bei Schlecker gekauft"? Oder: „Mensch, die Strecke wäre ich wirklich sehr gerne mit Air Berlin geflogen"? Wann bist du aufgewacht und hast bedauert, dass es die Praktiker-Baumärkte nicht mehr gibt?

Ich habe große Demut vor der Veränderung. Und würde mir dasselbe von mehr Menschen in unserer Gesellschaft wünschen. Die Welt wird nicht drauf warten, dass wir jetzt auch digital unterwegs sind. Natürlich hilft es, sich ein paar Gedanken zu machen, womit man in der Zukunft noch Geld verdienen will. Schon an dieser Stelle lohnt es sich, partizipative und offene Prozesse für die Strategieentwicklung zu nutzen. Das bedeutet nicht, dass man alles mit allen besprechen muss. Aber anstatt sich in irgendeinem Hinterzimmer irgendwas auszudenken, macht es Sinn, die Menschen mit einzubinden, die genau jetzt euer Geschäft machen. Die sogenannte „Operative". Vielleicht bindet man sogar Kundinnen mit ein. Und wenn euch das zu krass und verrückt ist, dann fragt doch wenigstens ehrlich nach einer Meinung, wenn ihr aus dem Hinterzimmer kommt, und seid offen genug, wirklich zuzuhören.

Es gibt dann noch sehr viele Varianten und Abwandlungen solcher Strategieentwicklungs-Prozesse, etwa spezifische Geschäftsfeldstrategien oder Tech- oder M&A-Strategien. Aber am Ende: alles Kratzen an der

Oberfläche, wenn es um eine ganzheitliche digitale Transformation geht. Noch einmal kurz in Erinnerung gerufen: Wir sprechen bisher nur über die Ebene, wie es Unternehmen gelingt, ihre Geschäftsmodelle an eine digitalisierte Welt anzupassen. Bei den allermeisten Firmen ist auf dieser ersten Ebene eigentlich auch schon Schluss. Ein paar Firmen gehen weiter oder haben aufgrund ihrer eigenen Historie eine weitere Ebene ganz gut im Blick. Meistens sind es Nichtregierungsorganisationen (NGOs), Behörden, Stiftungen und soziale Unternehmen, die hier besonders stark sind. Es geht um den Sinn. Klingt erst mal ein bisschen komisch, ist aber essenziell. Ich mache es mal andersherum: Wenn ihr nicht mal wisst, warum es eigentlich auf diesem Planeten eure Organisation geben sollte, dann wird es auch ziemlich schwer, das irgendjemand anderem zu vermitteln. Egal, ob das potenzielle Kundinnen sind oder Mitarbeitende. Ihr habt keine Vorstellung davon, wie wenige Menschen auf die Frage „Warum braucht es euch?" überhaupt eine Antwort formulieren können. Allzu oft gibt es nicht mal den Hauch einer Idee. Sicher, irgendwo auf der Homepage steht etwas. Und das ist ein Problem. Ihr solltet wissen, was eure DNA ist. Und warum es genau euch noch in 50 Jahren geben sollte. Wieso lohnt es sich für mich, an euch zu glauben, wenn ihr es selbst nicht wisst?

An dieser Stelle ist es immer gut, das mit möglichst vielen Mitarbeitenden gemeinsam zu erarbeiten oder sich bewusst zu machen. Denn diejenige, die weiß, warum es eine Organisation braucht, ist nicht nur stärker mit ihr verbunden, sondern hat vor allem eine klare Vorstellung davon, wie das eigene Handeln sich auf diese Organisation auswirkt.

Nach meiner Erfahrung gibt es neben den beiden Ebenen Strategie und Sinn noch eine dritte: die Ebene der Werte und Haltungen. Und hier wird es leider sehr dünn mit positiven Beispielen. Das ist vor allem deshalb schade – ja fast schon tragisch –, weil diese Ebene aus meiner Perspektive entscheidend ist, um zukünftig erfolgreich am Markt zu bestehen. Denn immer mehr Organisationen werden Zugang zu den gleichen Ressourcen, Technologien, Algorithmen, Märkten, Infrastrukturen usw. erhalten.

Was den wirklichen Unterschied nach vorne machen wird, das sind die Menschen. Der Kern einer gelingenden Veränderung sind daher aus meiner Sicht die großen Fragen: „Wie wollen wir sein in einer digitalisierten Welt?", „Wie wollen wir Arbeit organisieren?" und „Wie wollen wir zukünftig zusammenleben?".

Es gibt natürlich auch hier eine Million Firmen, die dazu irgendetwas Schickes in ihre Präsentationen schreiben. Das ist Mist. Denn viel zu oft sind diese Präsentationen doch nur das Ergebnis eines oberflächlichen Prozesses. Da fahren dann die Chefinnen zusammen mit zwei, drei Mitarbeitenden – Achtung: Diese sind meistens weit oben aus der Hierarchie, dürfen nicht zu unbequem sein und sollten zugleich schon lange im Unternehmen sein – und einer guten Texterin sowie zwei oder drei Beraterinnen in irgendein Tagungshotel. Dort haben sie einen erfolgreichen Workshop, nippen abends zusammen am teuren Wein und essen was Feines, um dann auf irgendeiner Bühne am Montagmorgen ein Plakat zu entfalten, auf dem so etwas steht wie: „Wir arbeiten respektvoll, leidenschaftlich und sind offen für Neues". Dazu noch ein fescher Claim wie „Future now" oder „Passion for Performance", und fertig ist der neue „Company-Purpose". Den leben aber im Unternehmen zu wenige, und das Plakat vergilbt langsam an der Wand. Und wenn das so manchen Menschen in dieser Form genügt, dann kann ich nur aus meiner Erfahrung dagegenhalten und euch versichern, dass auf diese Weise der dringend benötigte echte Wandel nicht gelingen wird. Deshalb hadere ich so mit dieser Art von Prozessen. Im Kern wird hier zwischen den Mächtigen der kleinste gemeinsame Nenner ausgehandelt. Das, was gerade noch so geht, ohne dass man wirklich viel verändern muss. Und dabei wird sehr darauf geachtet, dass man am liebsten auch noch möglichst selbst verschont wird von den Umbrüchen.

Im Anschluss an einen großen Kick-off folgen in der Regel Visions- und Werte-Workshops für die Organisation. In diesen setzen dann viel zu oft Mitarbeitende nach einem vollen Tag ihre Unterschrift unter irgendein Pamphlet. Aber weil Menschen schlau sind, wissen sie und spüren sie, dass sie nur ein weiteres Mal hinters Licht geführt worden sind. Weil wieder einmal die Dinge, die als Sinn und Sein verkauft werden, nicht gelebt und nicht verinnerlicht werden. Viele finden sich damit ab. Manchen genügt es auch so, wie es ist, und einigen stößt dieses Vorgehen sauer auf. Für den notwendigen Wandel reicht es aber mit Sicherheit nicht. Daher rede ich von etwas viel Größerem, wenn ich von dem „Wie" spreche. Was ist euer Anspruchsniveau? Wie wollt ihr (zukünftig) leben? Was ist euer Menschenbild? Und woran erkennt man das?

Ich habe das große Glück, bestehende Geschäftsmodelle strategisch auf die digitalen Herausforderungen vorbereitet zu haben. Auch konnte ich neue Geschäftsmodelle für diese neue Welt mit initiieren und auf den Weg bringen. Ich habe große internationale Prozesse zur Sinnfindung in Organisationen verantwortet und auch Prozesse zu den Fragen nach dem „Wie" gestaltet und begleitet. Kurzum: Ich habe auf allen drei Ebenen gearbeitet. Ich habe dabei sehr oft das Privileg gehabt, Top-Managerinnen und Gesellschafterinnen auf allen Ebenen zu beraten und zu begleiten. Glaubt mir: Die mit Abstand schwierigste und herausforderndste Ebene ist die Ebene der Werte und Haltungen. Das ist aber auch die Ebene, die den Unterschied macht. Daher ist es naheliegend, dass in den folgenden Kapiteln der Schwerpunkt auf der kulturellen Veränderung von Organisationen liegt.

2

Hebel

Hebel

Zunächst einmal ist es wichtig, zu verstehen, dass ein Wandel auf der kulturellen Ebene kein klassisches Projekt ist. Kein klassisches Projekt sein kann. Es gibt selten einen klaren Anfang, und noch weniger gibt es ein klares Ende. Es geht vielmehr darum, einen offenen, partizipativen und iterativen Prozess zu etablieren. Die Wesentlichkeit dieses Unterschieds ist auf den ersten Blick vielleicht nicht so klar, aber dennoch enorm. Daher sollten wir hier direkt ein bisschen Zeit investieren. Ich vermute, ihr seid es alle gewohnt, Projekte zu managen, Ist- und Soll-Zustände abzuleiten und dann über Gap-Analysen Maßnahmenpakete zu schnüren. Und wenn ihr das selbst noch nicht gemacht habt, dann kennt ihr sehr wahrscheinlich alle dieses Vorgehen. Und weil das immer so gut funktioniert hat in der Vergangenheit, neigen Organisationen dazu, ein solches Vorgehen auch bei Transformationsprojekten zu wählen. Das ist nachvollziehbar und logisch. Aber leider an dieser Stelle nicht erfolgversprechend. Es funktioniert ganz einfach nicht.

Lasst uns dazu mal gedanklich in irgendeine Firma beamen. Die Chefin ruft von der Bühne: „Wir müssen schneller werden!" Es gibt einen Projektnamen und ein Projektmanagement-Office. Es gibt wahrscheinlich zwischen drei und fünf Teilprojektstränge. Dazu viele Analysen und Maßnahmen. Man greift auf das zurück, was man gut kann und was sich in der Vergangenheit vielfach bewährt hat. Man identifiziert ein Problem und entwickelt dann eine Lösung. Problem – Lösung. Problem – Lösung. Alle Verantwortlichen reporten jetzt fleißig den Status der Umsetzung an das

Projektmanagement-Office. Die meisten Ampeln sind grün. Ein paar wenige orange, und nichts steht auf Rot. Und das, obwohl es ein offenes Geheimnis ist, dass es eigentlich nicht so richtig läuft.

Vorgespult, nächste Szene, ein Jahr später: Das Projekt war supererfolgreich. Stand so auf jeden Fall in der letzten Unterlage, die die Geschäftsführung bekommen hat. Es gibt jetzt auch ein paar neue Kennzahlen und Reports. Aber wesentlich verändert habt ihr euch im innersten Kern nicht. So sagen es die Mitarbeitenden. Ein bisschen besser ist es vielleicht geworden. Vielleicht wurden strukturelle Hürden abgebaut, Verantwortlichkeiten geklärt, und die interne Kommunikation wurde angepasst. Aber so richtig viel besser ist es jetzt irgendwie noch nicht. Und weil das jede weiß und jede spürt, bist du vor allem eins: reichlich frustriert. Aber keine Sorge. Deine Chefinnen geht es tatsächlich häufig genauso. Nur können die es noch schlechter aussprechen als du. Also lebt ihr alle mit dem großen rosa Elefanten im Raum, um dann in drei Jahren den nächsten Anlauf zu unternehmen. Und dann sind die Hürden noch größer. Die Gruppe der Skeptikerinnen und Zweiflerinnen ist weiter gewachsen. Und so wird jeder neue Versuch immer schwieriger und immer unglaubwürdiger. Das ist viel zu oft die Realität in heutigen Organisationen. Das ist das, was ich am meisten beobachtet habe. Und es ist auch das, was die meisten Mitarbeitenden erzählen, wenn man sie nach ihren bisherigen Erfahrungen in Change- und Transformationsprojekten fragt. Egal, ob es große oder kleine Organisationen sind. Egal, ob Start-up oder Konzern. Man richtet sich ein im Nichtgelingen und setzt sich nicht kritisch und gemeinsam mit dem Vorhandenen und Erlebten auseinander.

Was mich dabei tatsächlich am meisten nervt, ist, dass die Leute eigentlich genau wissen, was gemacht werden müsste. Das ist meine Erfahrung. Deshalb wurden sie ja eingestellt. Weil es eben schlaue Leute sind, die einen guten Job machen. Es wird also unfassbar viel Potenzial ungenutzt gelassen und gleichzeitig viel Frustration kreiert und akzeptiert. Aber wie kann man diesen Kreislauf durchbrechen? Wie geht es besser? Und geht es vor allem auch nachhaltiger? Das Erste ist – macht kein Projekt draus. Ihr habt es so schon tausendmal gemacht. Das kennt jede. Und weiß deshalb auch, was es braucht, um mit möglichst wenig Aufwand unbeschadet da durchzukommen. Egal ob die Leute das aussitzen, laut poltern oder sich wegducken. Sie wissen zumeist, was es braucht. Gelernt ist gelernt. Es gab ja schon das ein oder andere Veränderungsprojekt.

Diese ganzen Komformitätsaktivitäten wurden bis zum Umfallen und sehr erfolgreich trainiert. Es sind bewährte Ausweichbewegungen mit dem Ziel, so zu tun, als ob man etwas verändert, ohne es am Ende wirklich zu tun. Daher ändert sich im Kern auch nichts oder viel zu wenig. Die Menschen verhalten sich in ihrem Kontext rational. Sie machen das, was am meisten Erfolg verspricht und was dabei sozial akzeptiert ist. Und diese Muster, die ungeschriebenen Gesetze, all das, was über Jahre historisch gewachsen ist, bleibt im Verborgenen. Das Betriebssystem der Kultur wird so zum blinden Fleck der Organisation. Damit vergibt man die Chance der Gestaltung und richtet sich stattdessen in seiner eigenen Filterblase ein. Diese ist mal größer und mal kleiner. Sie ist mal durchlässig und manchmal kaum zu überwinden.

Hierzu noch eine Beobachtung: Die Blase korreliert dabei häufig auch noch stark mit der eigenen Stellung in der jeweiligen Hierarchie. Je höher man in dieser Hierarchie ist, desto wahrscheinlicher ist es, dass die Blase immer undurchlässiger wird. Warum das ein Problem sein kann? Ein Gedankenexperiment: Stell dir vor, du bist Chefin eines internationalen Unternehmens. 50.000 Mitarbeitende. Vier Sparten. 30 Länder. Wirtschaftlich heute sehr erfolgreich. Mit wie vielen Leuten im Jahr sprichst du regelmäßig? 300? 500? 1.000? Und bei wie vielen holst du dir Rat ein? 20? 50? 100? Das ist nichts. Überhaupt gar nichts. Also sei demütig. Erkenne an, dass du im Kern nicht weißt, wie es in der Firma läuft. Setz dir als Chefin deinen Rucksack auf und versuch, die Organisation zu erkunden. Geh los. Sei neugierig. Komm in Kontakt. Sei interessiert und schaff Räume für einen Austausch auf Augenhöhe. Ich höre dann oft von Top-Managerinnen, dass man das ja alles schon beherzige. Okay – noch mal an alle Vorstandsmitglieder, Top-Managerinnen und Chefinnen: Du bist schon lange dabei. Und du kennst auch viele Leute. Du hast dich durch die Hierarchien gedient. Aber lass dich nicht blenden. Wie viele dir zuvor unbekannte Leute hast du dieses Jahr getroffen? Wie viel Zeit nimmst du dir für diese Art von Austausch? Glaub mir, du bist ebenso weit weg von der Basis wie alle CEOs und Chefinnen vor dir. Das ist auch nicht schlimm. Und es ist Teil der Rolle. Blöd wird es nur, wenn dieser Ausschnitt, dieses schiefe Bild alle anderen Perspektiven überstrahlt und die Basis ist für die Veränderungen und Entscheidungen.

Unbequem, aber wahr ist, dass das, was dich erfolgreich gemacht hat, heute sehr wahrscheinlich nicht mehr reicht, um in einer digitalen Welt erfolgreich zu sein. Oder andersherum, die Fähigkeiten, die es dir ermöglicht haben, dass du in deine heutige Stellung gekommen bist, würden sehr wahrscheinlich heute nicht mehr für eine solche Karriere ausreichen. Es geht nicht mehr darum, alles zu wissen. Die größte Expertin zu sein. Aber worum geht es dann? Was sind die neuen Fähigkeiten, die es braucht? Du musst immer stärker ein Umfeld schaffen, in dem Expertinnen die besten Entscheidungen treffen können. Ich weiß, auch das hast du schon zigfach gehört. Bist du dir wirklich sicher, dass dein Team dich auswählen würde, wenn es das könnte? Trauen dir die Leute zu, diejenige zu sein, die dieses Umfeld schafft?

Wenn du die Rolle als Umfeldmanagerin ernst nimmst, dann machst du kein Change-Projekt, sondern schaffst Räume, um wirklich zu überlegen, wie ihr sein wollt. Und du fragst, was deine Leute brauchen. Ständig. Und dir gelingt es, diesen Raum über die Zeit zu halten. Jeden Tag. Immer und immer wieder. Wann hast du das das letzte Mal gemacht? Und, noch spannender: Was von dem, was deine Mannschaft dir gesagt hat, hast du dann auch umgesetzt? Und nicht vergessen: Zu der Kultur gehören nicht nur die Leute, die in euren Büros sitzen. Ich sehe viel zu oft, wie vergessen wird, dass die Menschen aus dem Callcenter und die Kolleginnen vom Band oder aus dem Lager auch noch da sind. Die Herausforderungen, vor denen ihr als Organisation steht, sind so groß, dass sie jeden Mitarbeitenden betreffen werden. Ihr werdet sie daher auch gemeinsam lösen müssen. Und genauso wie die Herausforderungen holistisch sind, so ist es auch die Unternehmenskultur, die ihr benötigen werdet, um sie zu meistern. Eine weitere Herausforderung, die ich sehr oft in Veränderungsprozessen beobachten konnte, ist die Überforderung der Organisation und auch der einzelnen Akteurinnen. Da soll dann in einem solchen Prozess direkt alles auf einmal gelöst werden. Schneller, agiler, flexibler, mehr Respekt und Vertrauen und die Steigerung der Performance. Das ist, als wenn ihr versucht, auf einmal Geige, Gitarre und Klavier spielen zu lernen. Das schafft kaum ein Mensch. Und selbst um in einer Sache gut zu werden, braucht es in der Regel eine gewisse Zeit. Es gelingt den wenigsten von uns, in sehr kurzer Zeit in einer Sache richtig gut zu werden. Selbst Ausnahmetalente – ob im Sport oder in der Musik – trainieren hart und investieren sehr viel Zeit, um ihre Fähigkeiten weiter zu verbessern und zu entwickeln. Sie werden Rückschläge haben. Und mal haben sie einen Lauf. Mal Phasen, wo es nicht gelingt, das Potential abzurufen, und mal Phasen, wo scheinbar alles gelingt.

So wird es euch auch in dem Prozess gehen. Mal funktioniert alles. Mal gar nichts. Drei Schritte vor. Vier zurück. Und diese Dynamik, die es in einem solchen Prozess braucht, ist kaum abzubilden in klassischen Projektsettings. Ampeln sind eben in der Regel nicht rot. Und erst recht nicht mal rot, dann gelb, dann grün und zwei Tage später wieder rot. Ich rate daher Organisationen dazu, sich ein bis maximal zwei Schwerpunkte für ein Jahr (!) zu suchen und dort dann für eine wirkliche Veränderungen zu sorgen. Es gilt zu beantworten: Wo will man wirklich einen Unterschied machen? Und warum möchte man das? Und natürlich auch: Woran merken das die Mitarbeitenden und die Kundinnen?

Es liegt daher auf der Hand, dass eine Unternehmenskultur sich nie nebenbei schnell gestalten lässt. Das benötigt Zeit und Aufmerksamkeit. Tatsächlich von allen. Wie in anderen wirtschaftlichen Prozessen gilt auch für die Unternehmenskultur: Kein Input – kein Output. Ganz einfach. Es braucht entsprechende Ressourcen. Ein Auto baut sich schließlich auch nicht von selbst. Und wenn nicht viele Teile in die Fabrik gekippt werden und Leute dran arbeiten, passiert auch nichts. Warum sollte das bei der Art, wie Menschen in Unternehmen zusammenarbeiten, anders sein?

Aber wie findet man die Schwerpunkte? Wo soll man anfangen? Hier empfehle ich, mit den Themen zu beginnen, die euch alle am meisten stören. Und dafür braucht man meistens keine umfangreichen Befragungen und Analysen, sondern nur ein paar gute und offene Gespräche. Es eignen sich Stand-ups, World-Cafés, Barcamps und alle weiteren bekannten und gängigen Formate. Das Format ist auch aus meiner Erfahrung nicht so wichtig. Wichtiger ist, mit welcher Haltung ihr in die Dialoge geht. Wenn man den Prozess auf diese Art und Weise beginnt, dann ist man tatsächlich auch schon ein bisschen beschäftigt. Und danach? Dann fangt ihr wieder von vorne an. Setzt wieder euren Rucksack auf und seid neugierig. Sprecht und seid im Kontakt und merkt, was jetzt dran ist. Und das passiert eben nicht in einem Projekt, sondern nur in einem offenen, partizipativen und iterativen Prozess. Projekte scheitern. Prozesse entwickeln sich weiter.

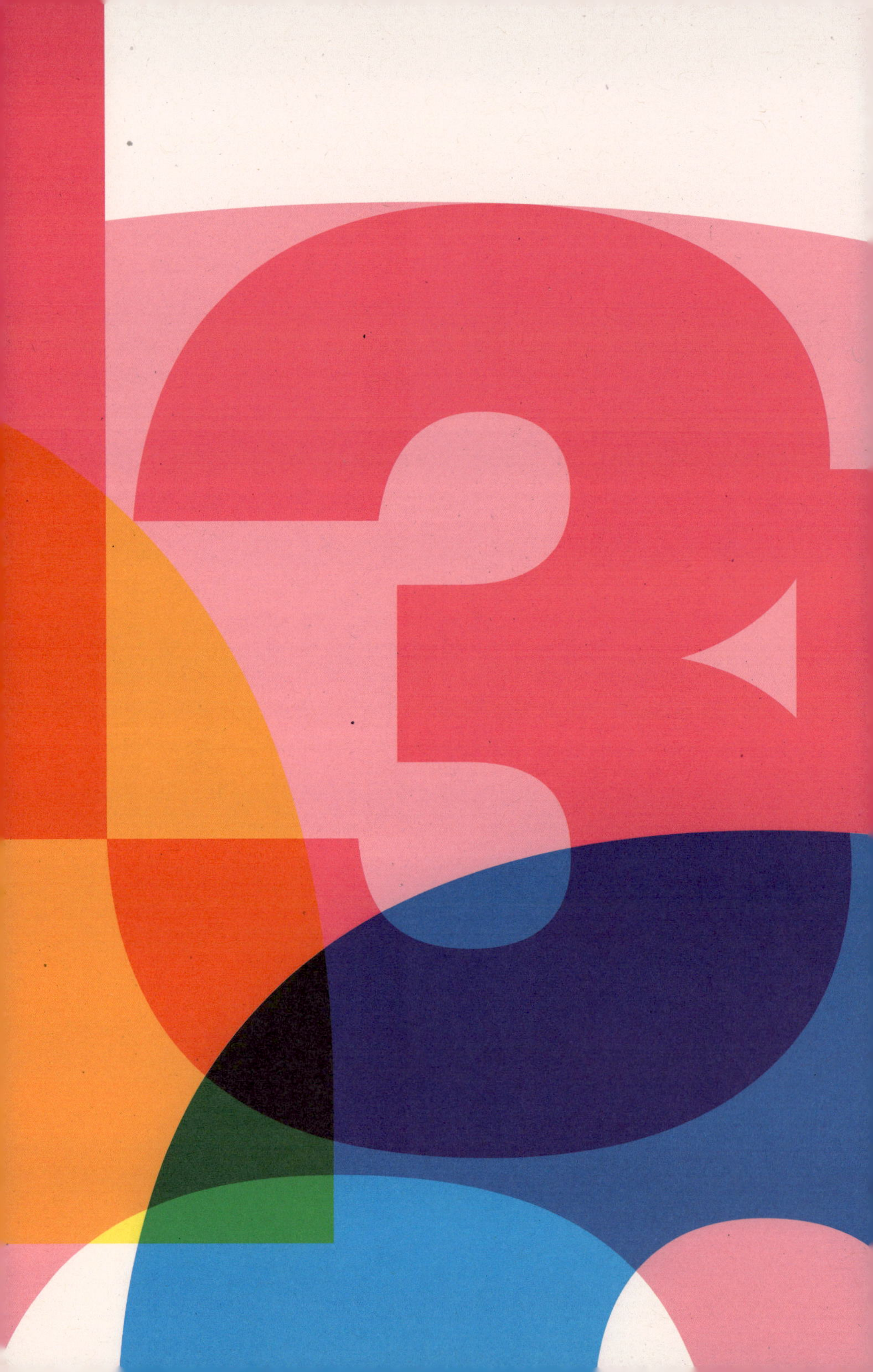

Motivation

Motivation

Lebe den Change! Umarme die Veränderung! Du bist der Schlüssel! Okay – stimmt: Das ist alles ganz schön platt. Richtig bleibt es trotzdem. Leider. Weil, wenn du keine Lust auf Veränderung hast, dann wird das nichts. Dann wirst du dich auch nicht aufraffen können, neugierig die Organisation zu erkunden. Und das wäre ziemlich doof, denn dann passiert eben auch nichts. Und dabei ist es egal, an welcher Stelle du in deiner Organisation agierst. Verantwortung fängt immer und ausschließlich bei einem selbst an. Auch das gehört zu den unbequemen Wahrheiten. Wenn man sich dessen bewusst ist und das akzeptiert, dann wird einem schnell klar, dass man einen viel größeren Einfluss auf die Kultur eines Unternehmens hat, als man im ersten Moment denkt. Jede kann jeden Tag etwas verändern. Dabei ist ganz zentral, sich darüber klar zu werden, dass es die eine Unternehmenskultur nicht gibt. Es gibt mindestens so viele Subkulturen, wie es Abteilungen oder Teams gibt. Die kleinste soziale Einheit innerhalb eines Unternehmens bildet sofort eine eigene Kultur aus. Und das ist die große Chance für alle Herausforderungen und für den echten und nachhaltigen Wandel. Ich denke, dass eine der größten Ressourcen von Organisationen in dieser Unterschiedlichkeit und dieser Vielfalt liegt. Umso diverser, desto größer die Potenziale. Daher scheitern auch so oft Prozesse, in denen versucht wird, Kultur über Teams, Bereiche oder Organisationen zu standardisieren oder zu verordnen.

Die Frage ist nur: Wie kann man diese Ressource nutzbar machen? Wie schürft man dieses Gold? Dazu muss man erst mal verstehen, was die Kultur einer Organisation ausmacht. Ich würde aus meinen Erfahrungen heraus die Kultur als die Summe aller Erlebnisse und – Achtung, noch viel wichtiger – aller Mythen eines Unternehmens bezeichnen. Die Dinge, die du an deinem Arbeitsplatz erlebst, prägen dich. Wie wird auf deine Einwände reagiert? Wie zugänglich ist eure Chefin? Wie geht ihr in eurem Team miteinander um? Wer macht Karriere? Und warum? Aber noch wichtiger sind aus meiner Sicht die Mythen. Was erzählt man sich? Was sind die ungeschriebenen Regeln? Was sind die absoluten Don'ts, die es zu beachten gilt? Welche heiligen Kühe kennt jede, aber traut sich niemand wirklich anzusprechen?

Klar – die formale Macht und die Befugnisse unterscheiden sich von Arbeitsplatz zu Arbeitsplatz. Teils sind diese Unterschiede gravierend. Das ist wichtig, und deshalb betrachten wir das auch gleich noch einmal intensiv. Aber es entbindet dennoch niemanden von seinen eigenen Verpflichtungen. Ich beobachte oft, dass man sich seiner eigenen Verantwortung entledigt und sich stattdessen einfacher Zuschreibungen bedient. Dann heißt es schnell: „Weil die da oben dies oder das nicht machen, geht dieses oder jenes hier nicht." Oder: „Weil die ‚Lähmschicht' nicht so agiert, wie sich das die Chefetage wünscht, sind wir nicht schnell genug."

Erlaube mir, dich auf ein weiteres Gedankenexperiment mitzunehmen: Jetzt gilt für einen ganz kurzen Moment, dass alle Organisationen erst einmal seelenlose Hüllen sind. Sie bestehen aus materiellen und immateriellen Vermögensgegenständen. So steht es jedenfalls in den BWL-Lehrbüchern. Und die Erste, die morgens in die Halle schlappt, erweckt diesen Apparat zum Leben. Und schafft damit jeden Tag aufs Neue den Ausgangspunkt für die Unternehmenskultur. Und wann auch immer du an diesem spezifischen Tag dazustößt, du zahlst auf das ein, was da ist. Mit deinen tausenden von Entscheidungen an diesem Tag wirst du das Bestehende verstärken oder verändern. Teilst du die Information einfach mal kurz und unbürokratisch, oder fragst du doch lieber noch mal bei der Chefin nach? Und die Idee des Einkaufs? Eigentlich nicht schlecht, oder? Schaffst du es heute, über deinen Schatten zu springen und die Idee anzunehmen, obwohl sie nicht von dir war? Und das wichtige Meeting morgen? Lässt du die neue Kollegin hingehen, oder willst du bei der Chefin doch lieber selbst gesehen werden? Es ist ganz einfach: Du bist die Kultur! Jeden Tag tust du deinen Teil dafür, dass alles genau so ist und genau so bleibt, wie es ist. Alles, was gut läuft, aber auch alles, was dich stört, ist am Ende die Summe aller Verhaltensweisen und Haltungen aller Mitarbeitenden. Es sind also nicht die anderen. Nicht deine Chefin. Nicht die anderen Mitarbeitenden oder die Kolleginnen aus der Nachbarabteilung. Du bist die Kultur. Also hör auf damit, Dinge zu tun, die dich selbst stören. Stopp es einfach. Morgen. Nicht nächste Woche und nicht erst, wenn die anderen das machen. Lass es einfach bleiben. Und bitte: Fordere nicht die anderen auf, irgendwas zu lassen, was du selbst nicht lässt. Beurteile nicht die Absichten, sondern die Taten. Und am besten fängst du damit bei dir an. Wenn das ein paar Leute bei euch beherzigen, wird schon superviel passiert sein.

Ich weiß – das gehört in die Kategorie „Klingt einfach, ist aber ziemlich schwer". Es wird keine Fee kommen und von Abteilung zu Abteilung durch die Organisation schweben, ein bisschen mit dem Zauberstab wedeln und Feenstaub versprühen, und dann ist alles getan. Wer soll es denn machen, wenn nicht du selbst? Und deshalb haben alle die Ratgeber recht, wenn sie von dir als Schlüssel der Veränderung sprechen.

Aber auch das ist leider nur die halbe Wahrheit. Sie unterschlagen einen nicht ganz unwesentlichen Aspekt: kurz zurück zu der formellen Macht und den Befugnissen. Es ist dann real doch so, dass die Chefin am längeren Hebel sitzt. Und wenn du mit ganz vielen Sachen aufgehört hast und mit vielen Kolleginnen zusammen viel verändert hast und es plötzlich irgendwie nicht weitergeht, dann liegt das meistens genau daran. Eure Chefinnen haben kein echtes Interesse an einer Veränderung. So einfach ist das. Die finden das zwar ganz cool, wenn in ihren Organisationen viel passiert. Kann man gut erzählen und macht sich auch in dem Imagefilm gut. Und meistens passieren diese Dinge auch erst mal weit genug weg von einem selbst. Aber genau in der Sekunde, wo es zu dicht an die Mächtigen rangeht, werdet ihr am ausgestreckten Arm verhungern. Und das geht auch total einfach, weil man immer sagen kann: „Hey! Sie sind hier Controller, und deshalb setzen Sie sich jetzt an die nächste Tabelle und lassen mich in Ruhe mit dem Kultur-Gefasel." Oder man streicht einfach die Mittel. Oder du kriegst einfach keine Termine mehr bei den Entscheiderinnen. Rums – mit 200 km/h knallt ihr gegen die gläserne Decke. Und dann zeigt man euch euren Platz in der Organisation.

Daher halte ich auch nicht viel von Grassroot-Bewegungen und diesem ganzen „how to start a movement"-Hype. Jedenfalls nicht in Organisationen, die gerade wegen ihrer traditionellen und wertkonservativen Kultur eben diese Kultur verändern wollen. Solche Organisationen sind fast immer hierarchisch und pyramidal organisiert. Und natürlich können auch in solchen Organisationen Grassroot-Initiativen auf den ersten Blick zunächst mal sehr erfolgreich sein. An Breite und Momentum gewinnen. Es erreicht aber nie – und ich meine wirklich nie – das Top-Management. Ich kenne daher auch keinen einzigen so initiierten Prozess in einer klassischen Organisation, der wirklich nachhaltig erfolgreich gewesen ist. Und was mich dabei richtig nervt, ist, dass es unendlich viel Frustration erzeugt. Zig Leute engagieren sich, werden häufig auch eine gewisse Zeit hofiert und scheitern dann doch, ohne zu verstehen, warum. Dabei ist es ganz einfach: Ihr habt kein Mandat. Man hat euch nicht erlaubt, etwas zu verändern. Mit dem, was ihr macht, seid ihr nicht anschlussfähig an das Bestehende. So funktioniert das aber in hierarchischen Organisationen. Oben entscheidet, und Unten exekutiert. Und als die Grassroot-Initiative noch weit weg war, war das auch kein Problem. Aber als ihr die Karrieren und das System der Chefinnen hinterfragt habt, war Schluss. Habt ihr entweder so erlebt, oder ihr lauft drauf zu. Versprochen. Habe ich noch nie anders gesehen. Leider.

Einer der allerwichtigsten Erfolgsfaktoren ist daher für mich die Legitimation des Prozesses. Ich würde nie und nirgends anfangen mit einer ganzheitlichen digitalen Transformation, wenn nicht wirklich alle im Top-

Management dahinterstehen. Es darf niemanden geben, der auch nur den leisesten Zweifel daran hegt. Warum? Weil genau da die Lücke ist. Organisationen sind verdammt schlau. Alle werden mit ihren Partikularinteressen genau auf diese Lücke hämmern. So lange, bis es die ersten Ausnahmen gibt. Und dann ist euer Veränderungsprozess tot.

Am Ende geht es darum, die jahrzehntelang trainierten Konformitätsaktivitäten zu entlarven und Ausweichbewegungen nicht zu tolerieren. Und dafür braucht es in diesen klassischen Organisationen eben auch ganz klar den Willen und die Kraft der Führung. Seid euch sicher, eure Organisationen ist darin geübt, Dinge auszusitzen, behäbig zu sein, Nebelbomben zu schmeißen, beschäftigt zu tun und doch nichts zu machen. Ohne den von der Führung gesetzten unverhandelbaren Rahmen werdet ihr diesen Kreis nicht durchbrechen. Dazu braucht es vor allem eben den Willen, bei sich selbst zu beginnen. Veränderung auf Augenhöhe statt fauler Kompromisse. So schließt sich hier der Kreis. Ohne echtes Interesse und die Legitimation des Prozesses habt ihr keine Chance.

4

Relevanz

Relevanz

Jede wird heute in einer Organisation der Aussage zustimmen, dass es schlau ist, Silos zu überwinden, kundenzentriert zu agieren und gemeinsam an einem Strang zu ziehen. Das habe ich in all den Hunderten von Gesprächen noch nie anders erlebt. Passiert faktisch aber zu selten. Und das ist kein kognitives, sondern ein emotionales Problem. Gerade und unbedingt im Top-Management. Ansonsten wird kein Prozess legitimiert und kein Rucksack aufgeschnallt, um die Organisation zu erkunden.

Ein weiteres Gedankenexperiment: Wir nehmen einen Konzern deiner Wahl. Viele Tochtergesellschaften, und du bist Geschäftsführerin in einer dieser Tochtergesellschaften. Ich spiele den firmeninternen Berater. Jetzt komm ich zu dir und sage: „Hey, wenn wir das Rechnungswesen deiner Firma mit dem Rechnungswesen der anderen Tochterfirma zusammenlegen, dann sparen wir 300.000 Euro im Jahr." Klingt doch erst mal gut, oder? Wer kann denn da Nein sagen? Wir wollen doch schließlich alle wirtschaftlich erfolgreich sein. Und die 300.000 Euro können wir dann auch für irgendein anderes Projekt verwenden. Die Sache ist eindeutig. Und trotzdem scheitern viele solcher Vorhaben. Wahrscheinlich die meisten. Aber warum? Warum scheitert das alles? Es liegt auf der Hand: weil die betroffenen Personen kein echtes Interesse daran haben. Du in deiner Rolle als Geschäftsführerin denkst dann vielleicht so was wie „Wieso soll ich mir hier den Stress machen, wenn ich Leute verliere und so meine Position schwäche?" oder „Die Meier fand ich früher schon ätzend, und jetzt soll ich ausgerechnet sie stärken?" oder auch „Wieso soll ich mir den Stress mit dem Betriebsrat machen, wenn am Ende doch die anderen mit dem Projekt gewinnen?". Die Emotion überlagert hier die Fakten. Kannst du halt nur schlecht sagen. Aber denken kannst du es und danach handeln sowieso. Du hast ja nicht jahrelang gebuckelt, um hier Geschäftsführerin zu werden, nur damit dir irgendein dahergelaufener Berater erklärt, wie du deinen Job zu machen hast, und dir deine hart erarbeiteten Statussymbole streitig macht oder dich schlecht aussehen lässt.

Direkt ein weiteres Gedankenspiel hinterher. Gleiches Set-up: Du bist Geschäftsführerin. Ich spiele wieder den internen Berater aus der Zentrale. Ich komme und sage dieses Mal: „Hey! Wenn wir eine deiner Dienstleistungen mit der Dienstleistung der anderen Tochterfirma kombinieren, dann kreieren wir für unsere Kundinnen etwas Unverwechselbares!" Auch diese Erkenntnis ist erst einmal schlüssig und leicht nachzuvollziehen. In der Praxis funktionieren solche Projekte aber auch häufig nicht.

Es liegt wieder an den Emotionen. Vielleicht kommen dir Gedanken wie diese hier: „Warum soll ich mir die Arbeit machen, wo doch der Umsatz in der anderen Firma aufläuft?", oder: „Müller war immer schon blöd, jetzt mit ihr was zusammen machen? Nicht mit mir!", oder eben platt: „What is in it for me? Karriere mache ich damit eh nicht. Anstrengend ist es auch. Nee, sitz ich aus." Die allermeisten Projekte scheitern nicht im Kopf, sondern sie scheitern an den Egos, den Eitelkeiten und Machtinteressen. Nicht an der Logik oder der Durchführung. Wir stehen uns auf dem Weg zu einer besseren Welt für alle ständig selbst im Weg. Und dieses Muster ist allgegenwärtig und über alle Hierarchieebenen stabil. Es ist also egal, ob man Sachbearbeiterin ist oder Top-Managerin. Jede wird solche Erfahrungen gemacht haben. Diese Mechanismen sind es, die dazu führen, dass eben nicht das passiert, was sinnvoll ist, sondern das, was in dem jeweiligen Firmenkontext rational ist. Es passiert das, was die eigene Position stärkt. Und das, womit man Erfolg hat oder in der Vergangenheit Erfolg hatte. Nur wird das aber sehr wahrscheinlich nicht reichen, um die Herausforderungen der Digitalisierung zu meistern. Wer kann es sich schon leisten, die knappen Ressourcen in internen Grabenkämpfen zu versenken? Daher ist es zentral, dass das Thema kultureller Wandel vom Kopf ins Herz rutscht. Null Komma null hat das was mit Esoterik zu tun. Sonst kriegt ihr zwar das oberflächliche Commitment hin, scheitert aber garantiert an der Umsetzung. Oder anders gesagt: Mehr als ein Lippenbekenntnis kriegt ihr auf der kognitiven Ebene nicht zustande. Den Willen zu den Veränderungen bekommt ihr nur auf der emotionalen Ebene. Es geht hier eben um Taten und nicht um Absichten.

Aber wie macht man das denn jetzt genau? Ich habe bisher zwei erfolgreiche Strategien beobachten können. Die eine ist das Schaffen einer persönlichen Betroffenheit. Die andere das Schaffen von gemeinsamen Erlebnissen. Ich möchte beide Aspekte hier nur anreißen, weil sie sehr stark von den jeweiligen Kontexten, den handelnden Personen und den spezifischen Herausforderungen abhängen. Nur wer Dinge selbst erlebt hat, kann den Wert wirklich einschätzen. Es hilft nicht, wenn jede euch erzählt, wie toll die Party, das Konzert oder das Fußballspiel gewesen ist – wenn ihr nicht dabei gewesen seid, fehlt euch das Gefühl. Kognitiv passt es. 2:0 gewonnen. Großartig. Es lebe der HSV! Gespürt habt ihr es aber nicht. So ist es auch bei Themen rund um den kulturellen Wandel. Wie wollt ihr wissen, wie es sich anfühlt, ohne Silos zu arbeiten oder wirklich gemeinsam an einem Strang zu ziehen, wenn ihr es nicht probiert? Sucht euch deshalb kleine und in sich geschlossene Experimente. Arbeitet an realen Themen, und übt nur einen Wert bzw. eine Verhaltensweise zur selben Zeit.

Das allein motiviert aber nicht immer und schon gar nicht alle. Die eine braucht manchmal noch einen Wink mit dem Zaunpfahl. Die allermeisten Führungskräfte halten sich für gute Führungskräfte. Das sehen die Mitarbeitenden leider viel zu häufig ganz anders. Ist doch komisch, oder? Es scheint bei kaum einer Gruppe solch eine krasse Abweichung von Selbst- und Fremdbild zu geben wie bei den Chefinnen. Das kann man aber gut nutzen. Wenn eine Führungskraft im Selbstbild ein solides Bild von sich hat und dann mit den Wahrnehmungen der Mitarbeitenden konfrontiert wird, wird mit Sicherheit etwas passieren. Häufig wird der Ehrgeiz geweckt, nun wirklich etwas zu verändern, oder der Prozess ist so schmerzhaft, dass aus dieser Betroffenheit heraus eine echte Auseinandersetzung mit dem eigenen Handeln und weiteren kulturellen Aspekten stattfindet. Auch hierfür gibt es bereits eine Vielzahl an erprobten Formaten. Die Konfrontation mit echten, aber nachgespielten Dialogen zum Beispiel oder das Aufzeigen der ungeschriebenen Gesetze lösen häufig persönliche Betroffenheit aus. Natürlich braucht es dafür Mut, geschützte Räume und die Legitimation.

Und selbst dann ist eine solche Konfrontation nicht einfach. Darüber hinaus werden idealerweise die zu stärkenden Werte und Verhaltensweisen in den bestehenden Strukturen und Prozessen verankert. So lässt sich dann auch die Frage beantworten: „What is in it for me?"

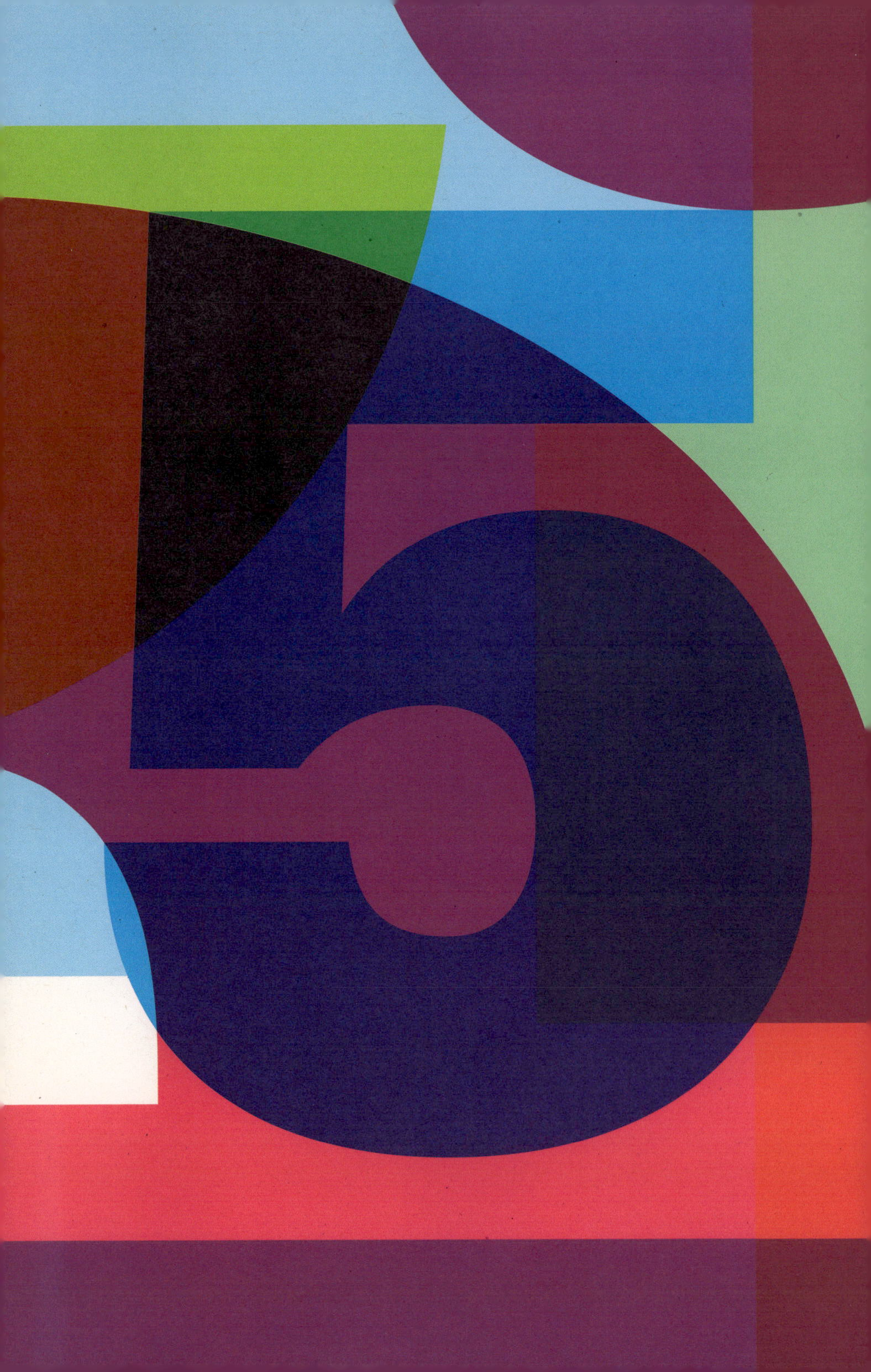
5

Messung

Messung

Egal ob auf der Bühne, als Teilnehmer eines Panels, in einem Podcast, Interview oder in einem vertraulichen Gespräch, diese eine Frage ist mir immer, und zwar wirklich immer, gestellt worden: Wie kann man den Erfolg eines kulturellen Wandels messen? Ich beschäftige mich schon so lange mit dieser Frage, dass ich wahrscheinlich mittlerweile eine Doktorarbeit dazu schreiben könnte. Ich versuche mich hier kurz zu fassen. Und ich teile trotzdem an dieser Stelle einen kurzen Blick auf alles, was ich an Methoden und Theorien bisher kennengelernt habe. Ich bin zudem so frei, all die unterschiedlichen Modelle, Tools und Denkrichtungen pauschal in drei Kategorien einzuteilen: die „Was-Tools", die „Wie-Tools" und die „verhaltensökonomischen Tools".

„Was-Tools" schauen sich im Kern an, was die Leute in ihren Abteilungen und Projekten so machen. Das wird dann entweder durch irgendwelche Interviewformate oder Beobachtungen oder eine Mischung aus beidem erhoben. Da kommt dann so was wie „In meiner Abteilung benutzen wir Design-Thinking-Methoden" oder „Unsere Projekte sind im Standard nach agilen Methoden organisiert". Irre aufwendig ist das. Gerade wenn man das in einer Organisation flächendeckend einführen möchte. Die Logik dahinter ist die klassische „Problem – Lösung"-Mentalität. Wir erheben einen Ist-Zustand und definieren dann einen Soll-Zustand, und die Lücke zwischen diesen beiden Zuständen schließen wir mit irgendwelchen Maßnahmen. Zum Beispiel mit Design-Thinking-Schulungen oder einem strukturierten Veränderungsprozess. Gerne sortiert man die Ergebnisse der Erhebung nach Stufen oder Farben oder irgendwas anderem, was man gut auf einer PowerPoint-Folie präsentieren kann. Es gibt in dieser Kategorie auch durchdachte und hochkomplexe Modelle mit Treiberbäumen, die so groß sind, dass man ganze Wohnungen damit tapezieren kann. Häufig kommen diese Tools auch mit einem Scoring-Modell um die Ecke. Ich habe sicher mit mehr als zehn solcher Anbieter einen intensiven Austausch gehabt. Meine Haupterkenntnis zu dem Thema „Messbarkeit von Veränderungsprozessen": Man betreibt einen irrsinnigen Aufwand, um eine pseudowissenschaftliche Genauigkeit und Objektivität zu erzeugen, die kaum Impact auf die Kultur hat, aber gleichzeitig verrückt viele Ressourcen bindet. Man macht halt Kulturwandel-Controlling. Man kann sich dann super mit sich beschäftigen, ohne wirklich irgendwas zu tun. Ich kann nicht mal sagen, dass ein „Was-Tool" in der Praxis schlecht ist. Ich habe das am Ende nie irgendwo auszuprobieren versucht, weil ich das Konzept einfach grundsätzlich für fragwürdig halte.

Die „Wie-Tools" kommen aus genau der anderen Ecke. Dort stehen beispielsweise die Fragen „Wie gut gelingt es uns, unsere Werte zu leben?" oder „Wie mutig sind wir heute (im Vergleich zu vor einem Jahr)?" im Vordergrund. Hier gibt es dann auch verschiedenste Varianten. Mal mit rollierenden Frageblöcken oder monatlich wechselnden Schwerpunkten oder sogenannten Micropolling-Ansätzen. Da kann man dann dauerhaft und unaufgefordert Bewertungen abgeben. Häufig in der gelernten Fünf-Sterne-Bewertungslogik von Amazon. Meistens ist das dann so konzipiert, dass, wenn man weniger als drei Sterne vergibt, sich ein Feld ausklappt und man noch als Freitext sagen kann, wie man zu der nämlichen Einschätzung gekommen ist.

Das klingt erst mal besser als bei den „Was-Tools", weil es hier zunächst darum geht, „wie" Dinge erlebt werden. Ich finde, dass diese Tools daher tatsächlich etwas dichter an der Kultur sind als die „Was-Tools". Auch hier habe ich sicher mit mindestens zehn unterschiedlichen Anbietern gesprochen. Und ich kann sogar auf direkte eigene Erfahrungen zurückgreifen.

Die haben sich dann weiter verfestigt, als ich mich mit mehreren anderen Nutzerinnen solcher Tools ausgetauscht habe. Was ist gut an diesen Tools? Der Aufwand ist meistens und gerade im Vergleich zu den „Was-Tools" geringer. Die Mitarbeitenden sind häufig – insbesondere anfangs – motiviert, und die ausgewiesenen Umfrageergebnisse sind daher ernst zu nehmen. Dagegen stehen zwei große Herausforderungen: Zum einen nimmt über die Zeit häufig die Nutzungsrate sehr stark ab. Dafür kann es unterschiedliche Gründe geben. Entweder ist der Umgang mit den Ergebnissen nicht so, wie es sich die Mitarbeitenden erhofft haben. Dann führt ein solches Tool gegebenenfalls sogar zu einem Mehr an Frustration. Oder es langweilt die Mitarbeitenden, weil die Ergebnisse als nicht ausreichend relevant erscheinen. Und wenn es ganz blöd kommt, hat man es nach einer gewissen Zeit als Organisation nur noch mit dem pöbelnden Bodensatz der Mitarbeiterschaft zu tun, der sich beschwert, dass das Klopapier zu hart ist und zu wenig Bananen im Obstkorb liegen. Und wenn man dann so ein Tool mit großem Tamtam eingeführt hat und die durchschnittliche Sternebewertung immer weiter abnimmt, weil dieser meckernde Mob die Hauptnutzerschaft ausmacht, dann ist das auch nicht einfach wieder abzuschalten.

Zum anderen kommt dazu, dass die Leute, wenn sie etwas bewerten, sich sehr schwertun, die realen Unterschiede zu bewerten. Zum einen, weil der Anspruch mit der Zeit wächst. Das, was vor drei Jahren noch für fünf Sterne gereicht hat, reicht also heute nur noch für drei. Und zusätzlich ist kaum ein Mensch in der Lage, das eigene Erleben und die eigenen Ansprüche auszublenden. Menschen sind am Ende einfach nicht objektiv. Dies wäre aber notwendig, um wirklich Veränderungen bewerten zu können. Das führt am Ende dazu, dass die Qualität der Aussagen solcher Studien wiederum kaum den wissenschaftlichen Standards für Reliabilität und Validität genügt. Und das ist natürlich doof, wenn doch das Ziel ist, etwas objektiv zu messen.

Ich teile gleich meine Gedanken mit euch, was man anstatt der „Was-" und „Wie-Tools" nutzen kann, um wirklich zu begreifen, wo eine Organisation steht. Um die Reihe aber abzuschließen, hier noch meine Sicht auf die „verhaltensökonomischen Tools". Die sind aus meiner Perspektive die besten Tools, die ich in diesem Feld gesehen habe. Die Konzepte sind ein bisschen smarter. Im Kern werden zwei Sachen abgefragt: die Bereitschaft zur Veränderung und das Bewusstsein für die Notwendigkeit der Veränderung.

Es gibt bei diesen Tools dann auch wieder unterschiedlichste Varianten und Versionen. Die beste, die ich gesehen habe, benutzt zudem noch einen Trick, indem sie vorausschauend annimmt, dass die Person, die die Fragen beantwortet, ziemlich klug ist. Daher fragt sie: „Du weißt ja, dass wir uns verändern müssen. Aber meinst du, deine Kolleginnen haben das verstanden? Und deine Chefin? Deine Mitarbeitenden?" Die Fragen sind natürlich schöner und auch subtiler formuliert. Aber im Kern ist es das. Dazu kommen noch Frage-Sets zu den geheimen Regeln in der Firma. Das ist schon ganz gut. Einige Anbieter nutzen zusätzlich Gamification-Ansätze, sodass das Ausfüllen nicht so spröde ist. Am Ende kommt dann sehr oft irgendeine grafische Auswertung raus (gerne genommen ist eine Vier-Felder-Matrix). Damit lässt sich arbeiten. Nur: Solche Erhebungen sind teuer. Also wirklich richtig teuer. Und man muss auch hier richtig viel Arbeit reinstecken, um die Frage-Sets auf die jeweilige Kultur anzupassen.

Das ist auch der Grund dafür, dass ich bisher immer nur Demo- und Pilotversionen solcher Tools getestet habe. Wie bei allen Erhebungen zur Mitarbeiterzufriedenheit, so muss man auch bei diesen Tools zur Messung der Unternehmenskultur beachten, dass die Einführung und die einzelnen Frage-Sets in Deutschland betriebsratszustimmungspflichtig sind. Das kann dann schnell mal ein riesiges Projekt werden, wenn man einen Fragebogen mit 45 Fragen von 92 unterschiedlichen Betriebsräten freigeben lassen möchte. Und eine Konzernbetriebsratsfreigabe ist in den seltensten Fällen möglich. Besonders kompliziert wird es dann, wenn der 91. Betriebsrat eine Formulierung angepasst haben möchte und daher die 90 vorherigen im Umlaufverfahren noch einmal nachträglich zustimmen müssen. Da kann man dann, bevor man irgendein Tool einführt, zwei Jahre Projektmanagement voranstellen, was ja wieder keinen Impact auf die bestehende Kultur hat.

Das Thema „Messen" ist mein persönlicher Zombie. Immer wenn ich dachte, ich habe ein gemeinsames Verständnis für die Herausforderungen bei den Entscheiderinnen geschaffen, kam aus irgendeiner Ecke eine beliebige Person, die mir erklärt hat, dass man das Thema doch ganz einfach lösen könne, und ich musste wieder Stunden investieren, um festzustellen, dass es am Ende bloß wieder ein „Was-" oder „Wie-Tool" war. Meistens etwas schöner verpackt. Aber eben nichts wesentlich anderes.

Ich habe euch versprochen, euch zu zeigen, was man stattdessen machen kann. Also, was sind aus meiner Sicht die Alternativen? Ich habe tatsächlich an vielen Stellen gute Erfahrungen damit gemacht, zunächst einmal das zu nutzen, was es eh schon gibt. Also auf bestehende klassische Mitarbeitenden-Zufriedenheitsumfragen zurückzugreifen und diese dann gegebenenfalls um bestimmte kulturelle Items zu ergänzen. Einige Organisationen erheben zudem Gesundheitsindizes. Auch die sind eine gute Quelle. Bestehende Führungsfeedbacks eignen sich ebenfalls. Und auch klassische Personalcontrolling-Kennzahlen wie Krankenstand, Fluktuationsrate etc. bilden eine gute Basis. Wenn man dann noch mal die gängigen Arbeitgeberbewertungsportale screent, hat man auf jeden Fall seine Hausaufgaben gemacht für den wichtigsten Schritt: miteinander sprechen. Das ist aus meiner Sicht tatsächlich der Schlüssel, um ein Gespür für die Organisation zu entwickeln. In den Kontakt kommen. Die Leute wissen, was kulturell nicht läuft. Also sprecht mit ihnen. Schafft die Räume, in denen angstfreier Austausch auf Augenhöhe stattfinden kann. Findet gemeinsam raus, welche Fragen gestellt werden müssen, damit jede ein gutes Gespür für die vorherrschende Kultur entwickeln kann. Ich möchte an dieser Stelle nicht falsch verstanden werden: Das Bedürfnis hinter dem Thema „Messen" ist total valide und legitim. Ich sage nicht, dass man nicht messen sollte. Ich sage nur, dass auch hier ein Paradigmenwechsel stattfinden muss. Denn das bisherige Verständnis von „Messen" und die meisten entsprechenden Methoden und Tools zahlen nicht auf den Wandel ein, sondern manifestieren den Status quo. Zudem ist das, was bei den oben beschriebenen Tools herauskommt, häufig nicht sehr handlungsleitend. Dazu ein weiteres einfaches Beispiel. Stellt euch vor, mir wird folgende Frage gestellt: Hey, Tobi, liebst du eigentlich deine Frau? Ja? Super!" Nehmen wir mal an, es gibt irgendeine Methode, die Liebe messen kann. Und nehmen wir noch weiter an, dass die fragende Person tatsächlich ihre Partnerin ein My mehr liebt als ich meine Frau. Was mache ich denn dann? Bringe ich meiner Frau auch jeden Freitag eine Rose mit? Oder haue ihr ab jetzt samstags auch immer das Frühstücksei auf? Ist das der Grund, warum der eine den anderen ein My mehr liebt? Das meine ich mit handlungsleitend. Nur weil etwas an einer Stelle und in einem ganz spezifischen Kontext mit genau diesen speziellen Personen erfolgreich ist, bedeutet das noch lange nicht, dass das auch an einer anderen Stelle, mit anderen Leuten und in einem anderen Kontext Sinn macht oder erfolgreich sein wird.

Und das Verrückteste ist, dass meine Frau und ich subjektiv sogar viel zufriedener sein können als Paare, die sich objektiv gemessen ein My mehr lieben. Warum? Weil es im Kern um die subjektive Bewertung von Beziehungsqualität geht. Nicht mehr und nicht weniger. Diese zu messen versuchen gleicht der Quadratur des Kreises.

Daher lassen sich solche Prozesse auch so superschlecht skalieren. Es ist eben egal, ob ich einen, zwei oder zwanzig Menschen um mich herum habe, die mir tolle Tipps dafür geben, was ich machen sollte, damit meine Frau und ich nach irgendeiner Methode einen gewissen Grad an Liebe erreicht haben. Was zählt, ist, was wir machen und wie wir uns dabei fühlen. Daher schafft ein Versuch, Kultur zu messen, auch immer nur eine Pseudogenauigkeit und eine mehr oder weniger gute Annäherung. Mit der kann man arbeiten. Muss man aber auch nicht. Und deshalb verrate ich euch hier meinen absoluten Master-Geheimtipp, mit dem ich immer viel erfolgreicher gewesen bin als mit allen Messmethodiken, die ich so kenne: Dokumentiert das, was euch heute gelingt, euch aber vor einem Jahr oder vor zwei, drei Jahren nicht gelungen wäre, weil ihr kulturell nicht dazu in der Lage gewesen wärt. Baut euch zusammen mit allen Beteiligten ein solches Playbook. Schafft euer Narrativ des Gelingens. Das ist superpragmatisch, authentisch und ehrlich. Denn erst nachdem ihr einen Impact geschaffen habt, dokumentiert ihr das. Es können natürlich auch Geschichten des Scheiterns und des Misslingens sein. Denn das sind am Ende Geschichten des Lernens und des kulturellen Wandels. Eine ehrliche Bestandsaufnahme von eurem Handeln und nicht von euren Absichten. Und mein zweiter Master-Megatipp: Man sollte auf jeden Fall klarhaben, warum man den Erfolg messen möchte. Warum wollt ihr das dokumentieren? Wozu soll das gut sein? Und was tut ihr mit den Ergebnissen? Rennt ihr damit los und haut das dem/der Verantwortlichen um die Ohren, wenn die Werte schlecht sind? Das vergessen ungefähr 99,9 Prozent aller Akteurinnen. Was macht ihr mit den Ergebnissen? Übernehmt die Verantwortung. Nicht nur für die Ergebnisse, sondern auch für die (Außen-)Wirkung, die ihr mit einer solchen Messung erzeugt.

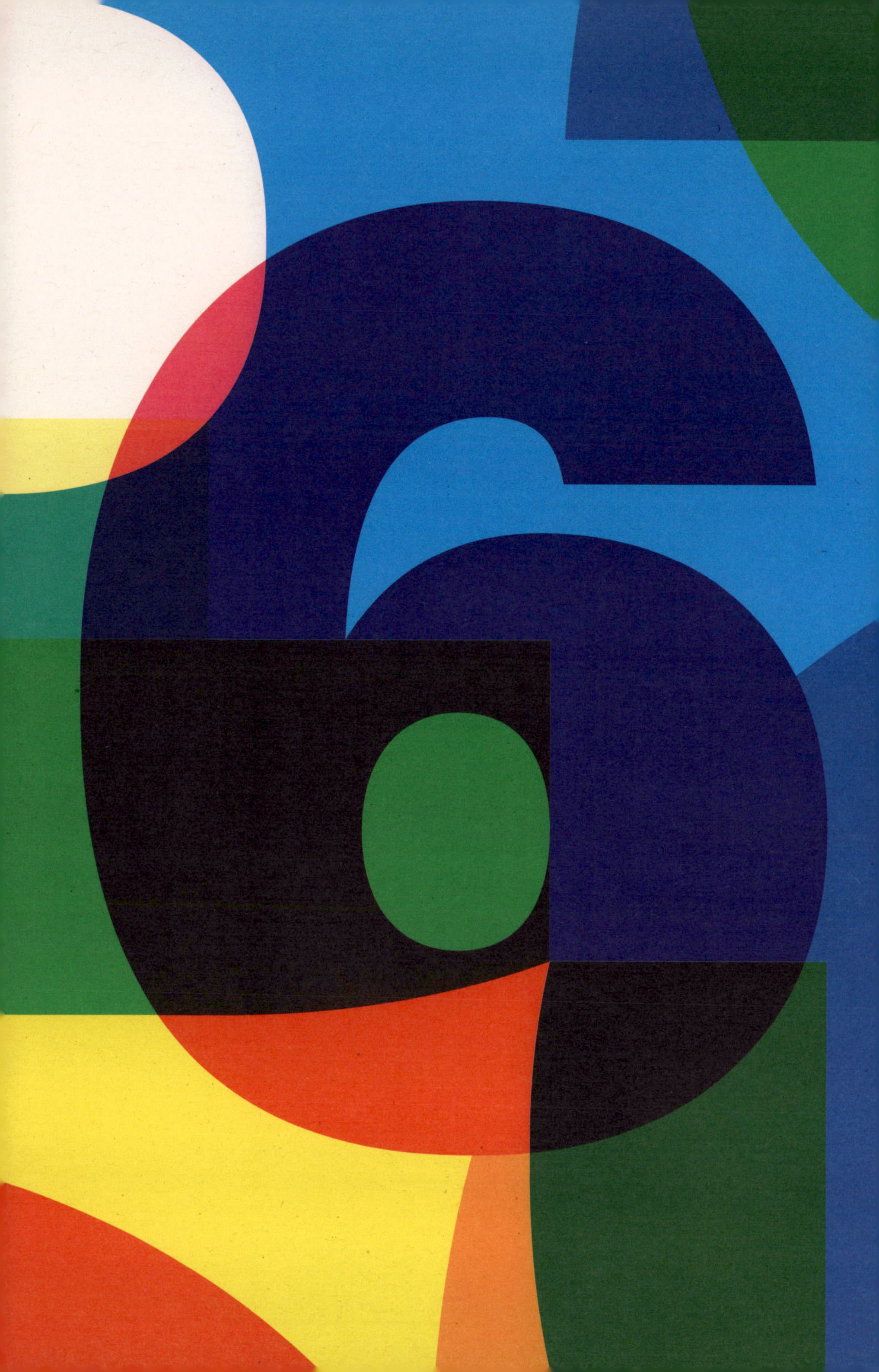
6

Ausdauer

Ausdauer

Jede, die einen Veränderungsprozess anstößt, sollte sich diese eine unbequeme Wahrheit stets ins Gedächtnis rufen: Ein solcher Prozess dauert verdammt lange, ist oft frustrierend und vielfach undankbar. Aber ich verspreche euch, es lohnt sich. Nichts anderes, was ich in meiner bisherigen beruflichen Laufbahn gemacht habe, hat einen solch großen Einfluss auf die Lebensrealität von Mitarbeitenden gehabt. Kein Firmenzukauf, kein Firmenverkauf, keine Konzeption neuer Geschäftsmodelle und auch keine Restrukturierung. Am Ende ging es dabei immer nur um Teile einer Organisation. Wenn ein kultureller Wandel ganzheitlich gedacht und gestaltet wird, geht es auf einmal um alle. Egal wie groß oder klein diese Organisation ist. Der Impact ist also plötzlich maximal.

Und damit sind es auch die Herausforderungen. Oft fühlt sich so ein Prozess überwältigend und riesig an. Man weiß nie genau, wo man anfangen soll und wie die nächsten konkreten Schritte aussehen. Und die Erfolgsrate ist wirklich gering. Am Anfang gelingen nach meinen Erfahrungen knappe 10 Prozent der Vorhaben. Und selbst nach Jahren kaum mehr als 30 Prozent. Doch das ist nicht schlimm, solange das, was gelingt, mehr Impact erzeugt als das, was nicht gelingt. Also ganz platt: solange der Output immer noch trotz der geringen Quote des Gelingens den Input übertrifft. Und das ist tatsächlich aus meiner Erfahrung immer der Fall. Schon deswegen, weil man aus jedem Fehltritt lernt und so ein großer Erkenntnisgewinn einsetzt. Der ist für Organisationen ein Gewinn und ein Schritt in Richtung einer lernenden Organisation. Nur gewohnt ist man es nicht. Es gibt kaum Felder innerhalb eines Unternehmens, wo man die Bereitschaft hat, so große Unsicherheit mit einem so unklaren Return zu tolerieren. Ich würde daher dazu raten, solche Veränderungsprozesse als klassische Forschungs-und-Entwicklungs-Prozesse zu betrachten. Das hilft, gewisse Unsicherheiten besser auszuhalten, und man kann so auch Erwartungen im Management besser steuern. Mich persönlich hat es aber tatsächlich auch überrascht, dass trotz aller Professionalisierungsbestrebungen und des sehr strukturierten Lernens auch nach Jahren die Erfolgsquote weiterhin so gering bleibt. Und Erfolg meint an dieser Stelle, dass ein vorher definiertes Ziel durch eine Vorgehensweise oder durch ein Produkt im Nachhinein auch wirklich erreicht wird. Dass zum Beispiel ein bestimmtes Workshopformat eine bestimmte Nachfrage erzielt oder Content auf eine gewisse Art und Weise von der Organisation aufgenommen und diskutiert wird.

Woran liegt das? Ich denke, dass es tatsächlich systemimmanent ist. Ein Prozess, der auf das Wachstum einer Kultur ausgelegt ist, bewegt sich immer und grundsätzlich am Rand der kollektiven Komfortzone. Das bedeutet auch, dass man mit Erfahrungswissen nicht viel weiterkommt, da etwas, was vor einem Jahr dazu geführt hat, dass man heute dort steht, wo man steht, eben nicht mehr denselben Effekt hervorrufen wird. Das Messer ist sozusagen stumpf. Daher muss man jetzt ein auf den neuen kulturellen Reifegrad abgestimmtes Vorhaben entwickeln. Und steht dabei immer wieder vor der Herausforderung, es so bullig gestalten zu müssen, dass es als Intervention funktioniert, ohne dabei über das Ziel hinauszuschießen.

Und damit stochert man ständig und ohne Unterlass im Nebel. Ist man nicht ausreichend progressiv, verändert man nichts, weil man sich weiterhin innerhalb der kollektiven Komfortzone bewegt. Oder man übertreibt und ist nicht mehr anschlussfähig an das Bestehende. Und auch dann ist das Thema eigentlich durch. Auch, weil viele Themen innerhalb eines Veränderungsprozesses aus meiner Perspektive nur ein einziges Mal bemüht werden können. Es sind also One-Shot-Themen. Man kann schlecht acht

Mal im Jahr die Incentivierung anpassen oder große Verhaltensworkshops mit allen Mitarbeitenden durchziehen. Das Erfahrungswissen hilft also in Summe nicht so richtig weiter. Oder andersherum: Ihr seid nur da, wo ihr seid, weil ihr das gemacht habt, was ihr bisher gemacht habt. Ihr blickt also immer auf die kumulierten 10 Prozent, die funktioniert haben.

Dazu kommt noch ein zweiter Effekt. Ich bin ständig überrascht worden, was dann tatsächlich geklappt hat. Oft waren das Sachen, von denen ich nie gedacht hätte, dass sie eine solche Kraft entwickeln würden. Und andersherum haben Dinge, von denen wir uns viel versprochen haben, überhaupt nichts gebracht. Es gab natürlich auch Sachen, an die wir nicht geglaubt haben und aus denen dann auch nichts geworden ist, oder Sachen, die wir unheimlich gut fanden und alle anderen auch. Aber es ist auch hier: Stochern im Nebel. Doch auch hier ist es mir wichtig, euch Strategien zu zeigen, mit denen es dennoch gelingen kann, mit dieser Unsicherheit souverän umzugehen. Zum einen sollte man es tatsächlich, egal was man macht, eben aus der Perspektive „forschen und entwickeln" betrachten. Das erlaubt es einem, neugierig die Umstände zu betrachten, warum Dinge gelingen und warum nicht. Dies erhöht die Wahrscheinlichkeit, dass man von den 10 Prozent auf die 30 Prozent kommt. Und zum anderen: Macht es wie die Natur – diversifiziert das Risiko, indem ihr einfach unfassbar viel ausprobiert mit ziemlich klaren Metriken, und killt die Sachen, die nicht funktionieren. Es geht also um Evolution anstatt um Revolution. Dabei legt die Natur die stärkste Kennzahl fest, die man sich überhaupt nur vorstellen kann. Das Überleben.

Abschließend gilt es auch zu akzeptieren, dass Veränderungsprozesse einfach lange dauern, viel Ausdauer und eine hohe Frustrationstoleranz aller Beteiligten erfordern und es auch hier einen Musterwechsel braucht, um nachhaltig erfolgreich zu sein. Das nervt, ist aber die Realität und gehört deshalb hier in das Buch.

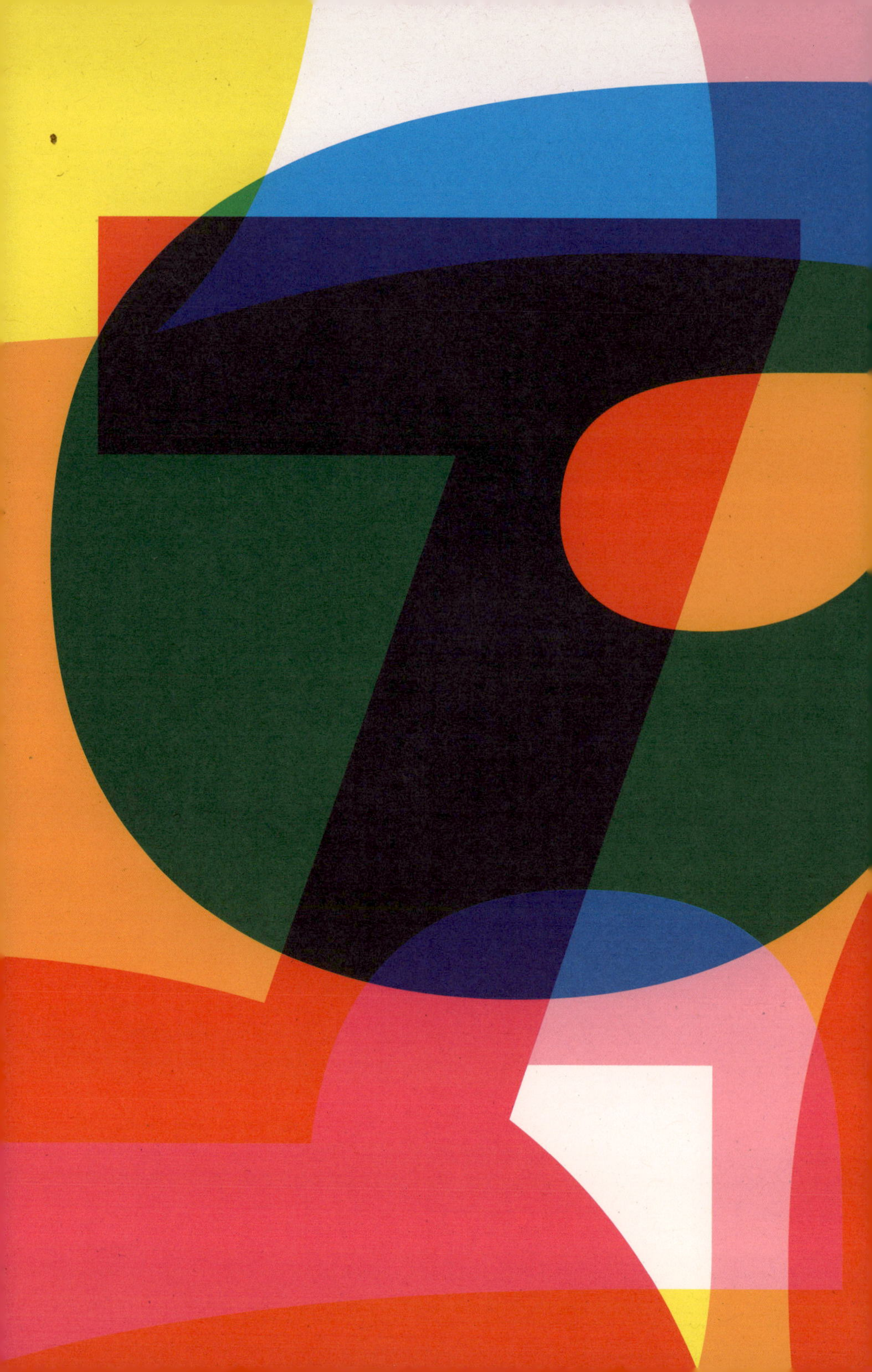

Fehler

Fehler

Wenn so viel in Transformationsprozessen nicht gelingt, dann landet man ziemlich schnell und unweigerlich bei dem Thema Fehlerkultur. Erst mal etwas Grundsätzliches: Dieses ganze Gerede von „Umarme alle Fehler" und „Das sind die Chancen fürs Lernen und Wachsen" nervt mich in dieser undifferenzierten Betrachtung reichlich. Ich mag keine Fehler. Ich möchte auch weiterhin Fehler vermeiden, und ja, ich ärgere mich, wenn Dinge nicht funktionieren. Vor allem wenn Dinge öfter aus denselben Gründen nicht gelingen, stört mich das wie verrückt. Noch schlimmer sind Sachen, wo man sehenden Auges in irgendwas reinläuft, was offensichtlich zum Scheitern verurteilt ist. Also nichts von wegen „Fehler umarmen" und Co. Aber warum braucht es dennoch einen anderen Umgang mit Fehlern? Ich habe intellektuell auf dem Schirm, dass in allen Organisationen zukünftig deutlich mehr Fehler passieren werden. Es geht gar nicht anders. Die Zauberworte heißen hier tatsächlich: Digitalisierung und Globalisierung. Aus der Sicht vieler etablierter Unternehmen wird die Welt an einigen Stellen böser und gemeiner. Die Planungssicherheit nimmt ab. Die Geschwindigkeit und die Komplexität nehmen zu. Ich möchte an dieser Stelle nicht noch einmal all die vielfach beschriebenen Herausforderungen der Digitalisierung benennen. Fakt ist aber eben auch, dass ganz real für viele Organisationen durch diese Entwicklung der Druck entsteht, zum einen schneller und zum anderen unter mehr Unsicherheit Dinge entscheiden zu müssen, und das immer weiter unten in der Hierarchie. Und das führt zwangsläufig zu mehr Fehlern. Warum ist das so? Weil die Digitalisierung es nicht mehr erlaubt, bestimmte Themen groß hoch und runter durch die Hierarchie zu delegieren. Man hat schlicht keine Zeit mehr dafür. Die Welt wartet eben nicht auf einen, sondern zieht lächelnd an einem vorbei. Zudem können viele Themen wegen der zunehmenden Fragmentierung tatsächlich auch nur noch durch die Expertinnen entschieden werden. Es ist auch häufig nicht sinnvoll, an dieser Stelle in der Hierarchie die benötigte Expertise aufzubauen. So klaffen jedoch in der Realität zunehmend die Expertise und das Mandat zu entscheiden auseinander. Expertinnen stehen aber auch aufgrund der zunehmenden Geschwindigkeit und der damit einhergehenden abnehmenden (Planungs-)Sicherheit vor der Herausforderung, dass sie – wenn sie es überhaupt können – in immer unsichereren Umfeldern entscheiden müssen. Zudem ist es häufig nicht mehr empfehlenswert, mit 100-Prozent-Lösungen zu agieren, sondern man nähert sich einem stabilen Zustand.

Nicht selten passiert dies gemeinsam mit dem Markt bzw. den Kundinnen. Auch das führt dazu, dass mehr Fehler passieren werden. Vieles ist eben nicht ausgereift, aber gut genug, um zu starten und zu versuchen, Marktanteile zu ergattern. Das mag nicht jedem gefallen, doch es ist vielfach an der Tagesordnung. Auch weil die Kundinnen sich zunehmend an dieses Konzept gewöhnt haben und heiß sind auf neue Features, Funktionen, Produkte und Services. Hinzu kommt noch einmal übergeordnet, dass in immer mehr Unternehmensbereichen nicht nur hoch skalierte und auf Effizienz getrimmte Prozesse vorherrschen, sondern zunehmend eine Fragmentierung eintritt, um ganz grundsätzlich individualisierten (Kundinnen-)Anforderungen gerecht zu werden. Das erhöht zusätzlich das systemisch bedingte Risiko für Fehler.

Wenn dem aber so ist, dann geht es also erst einmal darum, anzuerkennen, dass mehr Fehler passieren werden. Klingt trivial, ist aber elementar, da dann ein sehr viel differenzierterer Umgang mit Fehlern notwendig wird. Das ist wichtig, weil viele Organisationen heute ausschließlich darauf getrimmt sind, Fehler zu vermeiden, und, falls diese auftreten, dann dazu neigen, sie schönzureden oder im schlimmsten Fall zu vertuschen. Auch weil diese Fehler negativ auf die eigene Karriere zurückfallen können. Fehler vermeiden macht auch Sinn. Aber eben nicht immer und überall. Ich habe mit vielen Unternehmen gesprochen, für die Fehler direkt existenziell sind. Airlines, Versorgungsunternehmen, Unternehmen aus der Lebensmittelindustrie, aber auch Krankenhäuser oder Sicherheitsbehörden. Hier gibt es dann extrem hohe Sicherheitsstandards und zusätzlich gesetzlich vorgeschriebene Abläufe, um Fehler zu vermeiden. Das gefällt mir auch ganz gut. Ich bin froh zu wissen, dass viel dafür getan wird, dass ich sicher von A nach B komme und dass ich nicht direkt umfalle, wenn ich ein Brötchen esse. Was aber stört und auch Veränderungen bremst, ist, wenn man glaubt, in allen Unternehmensbereichen so steuern zu müssen. Es gilt zu differenzieren, wo es tatsächlich notwendig ist und wo es nur das gewohnte Muster ist. Wie gesagt, ich mag auch keine Fehler. Aber wenn es mehr davon geben wird, dann sollte man das einzig Richtige damit machen: sie nutzen, um sie in der Zukunft zu vermeiden.

Gerade in großen Organisationen werden gefühlt Tausende von Fehlern an tausend Ecken immer wieder und wieder gemacht. Und das nervt natürlich noch viel mehr, als der eigentliche Fehler schon ärgerlich ist. Wie etabliert man aber einen gesunden Umgang mit Fehlern? Zum einen lohnt es sich, über sie zu sprechen. Auch um auszuhandeln: Was sind Fehler, die man überhaupt toleriert? Was kann man vermeiden? Was hat dazu geführt, heute Dinge anders und besser zu machen? Hier gibt es eine Vielzahl von Formaten. Häufig genannt wird etwa das Etablieren von Fuck-up-Nights. Bei denen erzählen Mitarbeitende von Missgeschicken und schaffen so ein Klima, in dem offen über Fehler gesprochen werden kann. Zudem werden sie sogar häufig für ihren Mut durch soziale Reputation belohnt. Auch das Etablieren von bereichs-, firmen- oder branchenübergreifenden Netzwerken ist schlau. Gerade wenn diese Communitys niederschwellige Kommunikationsformate nutzen, um Best Practices zu teilen und so voneinander zu lernen und fachliche Fragen gemeinsam zu lösen. Solche Formate zu etablieren ist nicht einfach. Lohnt sich aber. Garantiert.

8

Leadership

Leadership

Ganz klar: Führungskräfte haben immer eine Schlüsselrolle in Organisationen. Gerade wenn diese hierarchisch bzw. pyramidal aufgestellt sind. Diese Schlüsselrolle haben Führungskräfte natürlich auch in der digitalen Transformation. Ganz zu Beginn möchte ich direkt mit einem Vorurteil aufräumen, das mir sehr häufig in Unternehmen begegnet ist, wenn es um die Rolle von Führungskräften in Veränderungsprozessen geht. Oft wird so getan, als ob Führungskräfte die großen Bewahrerinnen und Transformations-Verhindererinnen sind. Diese pauschale Betrachtungsweise habe ich selten bestätigt gefunden. Vielmehr sind Führungskräfte vor allem eins: Menschen. Mit denselben Sorgen und Befürchtungen, die alle Mitarbeitenden in großen Veränderungsprozessen eben haben. Und oft haben sie dabei mehr zu verlieren als andere.

Die Bereitschaft, in einem solchen Prozess Verantwortung zu übernehmen, ist bei Führungskräften nach meiner Beobachtung ebenso ausgeprägt wie bei allen anderen Mitarbeitenden. Und verdient gerade vor dem Hintergrund des häufig damit einhergehenden größeren Verlustrisikos meinen vollen Respekt. WWZudem hat aus meiner Perspektive gerade das mittlere Management eine besonders anspruchsvolle und auch häufig sehr undankbare Rolle. Machen wir uns nichts vor: Hier kristallisiert sich der gesamte Druck. Das Geschäft soll operativ am Laufen gehalten werden, Mitarbeitende sollen im Change begleitet werden, und zusätzlich soll man sich neu erfinden und weiß dabei häufig nicht einmal, ob die eigene Rolle nicht doch morgen überflüssig sein wird. Das ist erst mal ein dickes Brett.

Und genau deshalb vermisse ich an vielen Stellen tatsächlich die Unterstützung für diesen Kreis und auch die Demut vor der (erwarteten) Leistung, die an diesen Stellen erbracht wird. Viele der Ängste des mittleren Managements werden dann auch noch dadurch befeuert, dass in solchen Transformationsprozessen oft die Top-Managerinnen lautstark vom Abbau von Hierarchien philosophieren oder direkt die flachen Hierarchien propagieren. Dabei schließen sie selbst zu oft die eigene hierarchische Ebene in ihren Gedanken und Ausführungen aus. Gerade die Anzahl von Hierarchieebenen oder auch die Tiefe von Organisationen wird oft zu Beginn von Veränderungsprozessen thematisiert, was häufig Ängste schürt. Dabei ist es aus meiner Erfahrung tatsächlich egal, wie viele Hierarchieebenen es gibt. Wesentlich ist, wie durchlässig diese Ebenen sind, welche Rolle sie einnehmen und auf was sie am Ende einzahlen sollen.

Per se lösen flache Hierarchien nichts. Viele Ebenen helfen genauso wenig. Der Schlüssel sind aus meiner Sicht das Aushandeln der Erwartungen an und der Umgang mit den unterschiedlichen Hierarchieebenen. Was soll wo passieren? Welche Ebene entscheidet was? Wie zahlt diese Ebene auf die Strategie, die Vision und die Kultur ein? Wenn man das gut beantworten kann und dazu eine Durchlässigkeit schafft, die die Kommunikation und auch die Mitarbeitenden mit einschließt, dann ist es, glaube ich, tatsächlich egal, ob man drei, fünf oder siebzehn Ebenen hat.

Abgesehen von der Frage nach der Anzahl der Ebenen bin ich felsenfest davon überzeugt, dass sich die Rolle von Führungskräften im Kern sehr stark verändern wird. Und auch verändern muss, damit die Herausforderungen der Digitalisierung gemeistert werden können. Diese veränderte Rolle wird sehr wahrscheinlich zu einer Entwertung dieser Mitarbeitergruppe führen. Oder platt gesagt: Chefinnen werden in Zukunft weniger verdienen. Warum? Weil hier nicht mehr ein Großteil der Wertschöpfung stattfinden wird. Und nur diese wird weiterhin gut bezahlt werden. Das liegt vor allem an der fortschreitenden Fragmentierung und Spezialisierung der Arbeitswelt. Diese nimmt weiterhin stetig zu und wird es durch die Automatisierung, die zunehmende Digitalisierung und durch neue Formen der (Zusammen-)Arbeit weiter tun. Expertenwissen wird immer stärker projektbezogen aktiviert, und damit wird die Führungskraft immer mehr zu einer Umfeldmanagerin. Diese koordinative Rolle ist nicht zu unterschätzen und benötigt auch ein komplett anderes Skillset als für klassische Führungskräfte.

Diese koordinative Rolle wird aber relativ gesehen weniger zur Wertschöpfung beitragen als eine Experteninnenrolle, und daher muss eine finanzielle Angleichung stattfinden. Auch weil Verantwortung an anderen Stellen sozialisiert wird. Neben der koordinativen Rolle sehe ich noch eine weitere Aufgabe: die Mitarbeitenden in das Zentrum des eigenen Wirkens zu stellen. Der Anteil der klassischen disziplinarischen Führungsarbeit wird stetig abnehmen und immer stärker durch coachende Elemente substituiert werden. Auch das ist anspruchsvoll, aber eben nicht direkt wertschöpfend und wird daher wohl anders vergütet als bisher. Viele andere Führungsaufgaben, die heute klassischerweise bei Führungskräften sozialisiert sind, werden weiter erodieren oder haben es bereits getan. Die fachliche Expertise ist dabei am offensichtlichsten und in vielen hochtechnologischen oder sehr spezialisierten Umfeldern schon längst nicht mehr Teil der Führungsrolle. Auch die strategische Ausrichtung wird immer häufiger in neuen Rollen sozialisiert. Methoden und Vorgehensweisen ebenfalls. Nur dieser Umstand erklärt, warum es heute in Organisationen Rollen wie Agile Coaches oder Facilitators gibt.

Diese Entwicklungen haben natürlich auch Auswirkungen auf Menschen, die bereits heute als Führungskräfte in Organisationen agieren. Dabei ist festzustellen, dass viele heutige Führungskräfte aus einer alten Logik heraus in diese Rolle gekommen sind. Sie wurden befördert oder eingestellt, weil sie die besten Expertinnen waren, den Prozess am besten kannten oder einfach schon am längsten da gewesen sind. Das bedeutet aber nicht, dass Führungskräfte, die aufgrund dieser Logik in ihre Rolle gekommen sind, per se schlechte Leader sind. Aber dass sie gut darin wären, Menschen auf eine moderne und zukunftsfähige Art und Weise zu führen, war eben auch in der Regel kein Auswahlkriterium. Daher liegt zunächst einmal die Verantwortung bei den Organisationen, da diese mit ihren Auswahlverfahren und -logiken – die vor dem Hintergrund des damaligen wirtschaftlichen Umfelds sicher berechtigt waren – Menschen aktiv in diese herausfordernde Situation gebracht haben.

Wie gesagt, ein beachtlicher Teil dieser Mitarbeitenden hat Lust und wird sich aus sich heraus weiterentwickeln, sobald die Gelegenheit dazu besteht. Der Teil, der sich schwertut, sollte die Möglichkeit bekommen, dabei gezielt und individuell unterstützt zu werden. Hier ist der Trade-off für das Unternehmen besonders groß. Auf der einen Seite will man natürlich das Wissen und die Erfahrung in der Organisation erhalten. Zum anderen ist es nicht zu akzeptieren, dass eine kulturelle Weiterentwicklung nicht stattfindet. Nach meinen Beobachtungen helfen daher auch keine mit der Gießkanne über alle Beteiligten ausgekippten Change-Seminare, sondern es braucht vielfach spezifisches und individuelles Coaching. Gleichzeitig kann es sich lohnen, in Möglichkeiten für einen gesichtswahrenden Ausstieg aus der klassischen Führungsrolle zu investieren. Ich habe immer wieder beobachtet, dass Führungskräfte, die sich mit Veränderungen schwertun, häufig genau wissen, dass sie keine guten Führungskräfte sind. Das haben sie im Laufe ihrer eigenen Karriere immer wieder gehört und auch häufig ausreichend in entsprechenden Feedbacks aufgezeigt bekommen. In der Regel passiert dann aber häufig zu wenig. Insbesondere, wenn die wirtschaftlichen Kennzahlen weiterhin stimmen. Und natürlich haben diese Menschen keine Lust darauf, auf ihr Geld und ihr Prestige zu verzichten. Warum auch? Würde man selber ehrlicherweise auch nicht machen. Gerade dann nicht, wenn diese Expertise weiterhin benötigt wird. Damit verhindern sie aber viel zu oft die notwendigen Räume und Plätze, um eine gelingende Transformation zu ermöglichen.

Gesichtswahrende Exits sind daher im Kern eine Möglichkeit, ohne materielle und immaterielle Verluste aus der Führungsrolle herauszutreten und weiterhin mit der bestehenden Expertise der Organisation zur Verfügung zu stehen. Hier eignen sich zum einen klassische Fachkarrieren. Ich habe oft beobachten können, dass in einem solchen Umfeld die skizzierten Menschen richtiggehend aufblühen. Das liegt zum einen an dem Umstand, dass sie so sehr viel wirksamer werden und dadurch viel mehr Bestätigung aus einer Experteninnencommunity erfahren, als dies in der Regelorganisation der Fall ist. Dazu müssen diese Fachkarrieren aber tatsächlich disziplinarischen Karrieren gleichgestellt werden. Meistens haben diese noch einen positiven Nebeneffekt. Sie erlauben nämlich die Weiterentwicklung von richtig guten Mitarbeitenden, die schlicht keine Lust haben „klassische" Chefin zu werden. Und das sind gar nicht so wenige Menschen. Und häufig sind dies genau die Menschen, die dann zur Chefin gemacht worden sind, um ein Abwandern zu verhindern.

Ich erlebe außerdem, dass zunehmend Führungsrollen aufgeteilt werden. So sind in vielen Unternehmen bereits Modelle etabliert, die die disziplinarische Führung von der fachlichen und strategischen entkoppeln. Auch dies bietet die Möglichkeit für einen gesichtswahrenden Exit. Hier können dann die Betreffenden das tun, was sie wirklich gut können, und müssen sich nicht mehr mit dem, was sie nicht so richtig können, abmühen.

Solche Modelle führen aber zu einer Zunahme von Führungsrollen. Auch das ist ein Grund, warum zu erwarten ist, dass hier Gehälter sinken werden. An dieser Stelle ist es wichtig, zu betrachten, dass diese Veränderungen nicht nur von den Führungskräften, sondern auch von den Mitarbeitenden ein Umdenken erfordern. Wenn wir eine Organisation wie eben betrachten, dann kann das ganz platt bedeuten, dass man, statt in einer Abteilung für eine Chefin zu arbeiten, ab morgen für zwei fachliche Projektleiterinnen (Functional Leads) arbeitet, disziplinarisch aber an einer bzw. einem People Lead berichtet und dann noch durch den Strategic Lead eines inhaltlichen Clusters (Chapter/Tribe) Rahmenbedingungen und Vorgaben erhält. Darüber hinaus tauscht man sich in der Community aller Fachkolleginnen zu den neuesten Inhalten aus. Und die Verantwortung, dass ein Thema läuft, liegt sehr viel stärker bei den Mitarbeitenden, da diese nun jederzeit nach Unterstützung fragen können. Mir gefällt die Vorstellung gut, dass es so kommen könnte. Es schafft viele Chancen und Räume. Es erfordert weiterhin gute Führungskräfte. Auch oder vielmehr weil sich deren Rolle verändern wird. Gerade das Schaffen von integrativen Umfeldern und eine gleichberichtige Kommunikation auf Augenhöhe werden benötigt, um sicherzustellen, dass das funktioniert und wir nicht gesamthaft aus der Kurve fliegen.

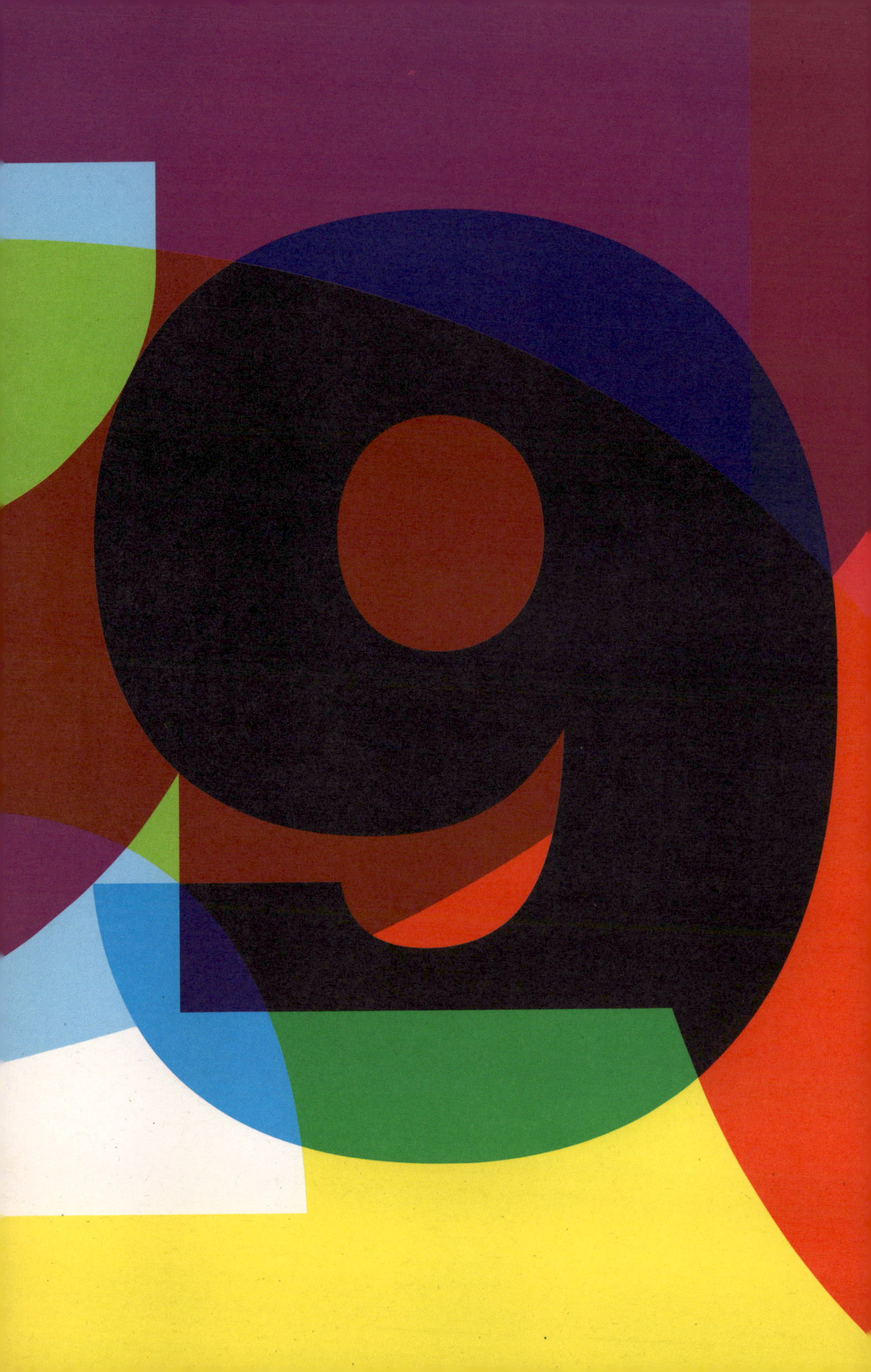
9

Lösungen

Lösungen

Die Welt, in der wir leben, ist für uns alle gleich. So einfach, so trivial. Und doch ziemlich relevant. Denn das bedeutet auch, dass wir alle mit denselben Herausforderungen zu kämpfen haben. Ich will gar nicht von der globalen Klimakrise oder so was wie der pandemischen Krise sprechen. Denn dass wir in derselben Welt leben, trifft im besonderen Maße für die Welt der Wirtschaft zu. Hier sind die Herausforderungen noch viel einheitlicher und konsistenter. Digitalisierung, Generationenwechsel, Globalisierung und Automatisierung betreffen uns alle. Ganz egal, in welcher Branche, in welchem Sektor und ganz egal, wie groß oder klein die Organisation ist. Natürlich gibt es viele individuelle Unterschiede, und auch die Dringlichkeit einzelner Themen variiert stark. Trotzdem: Die (Wirtschafts-)Welt, in der wir leben, ist für uns alle gleich. Und dann ist es doch einfach total verrückt, dass die allermeisten Organisationen versuchen, diese gleichen Herausforderungen alleine zu meistern. Macht man doch sonst im Leben und in einer Gesellschaft auch nicht.

Ich habe mich oft gefragt, warum das so ist. Ich kann es mir nur so erklären, dass man eben früher so erfolgreich gewesen ist. Dass wir glauben, man habe diese Herausforderungen eben schon immer allein meistern müssen. Dass es am Ende also ein gelerntes und trainiertes Muster ist. Und dieses ist die Grundlage für den heutigen Erfolg. Zudem beobachte ich aber auch, dass viele gar nicht wissen, wie viel Austausch sich rund um spezifische Fragestellungen bereits etabliert hat. Es fehlt schlicht an dem Zugang, der Auffindbarkeit und dem Überblick. In manchen Gesprächen, die ich geführt habe, war es auch für mein Gegenüber einfach undenkbar, zu schauen, wie man gemeinsam an geteilten Fragestellungen wachsen kann – zum Beispiel mit direkten Konkurrenten. Ich glaube aber, wir verpassen hier eine einmalige Gelegenheit, gemeinsam zu lernen. Gerade auf der Prozessebene. Zu verstehen, wie andere Organisationen es geschafft haben, wirklich nachhaltige Transformationsprozesse zu gestalten, ist unheimlich wertvoll. Und zwar für alle Seiten. Etablierte Prozesse werden durch kluge Fragen geschärft, Akteurinnen, die selbst solche Transformationsprozesse etablieren wollen, profitieren von Erfahrungen und werden dadurch nicht nur schneller, sondern häufig auch wirksamer. Und das alles zu geringen Kosten.

Es geht also nicht darum, sich zu vernetzen, um sich zu vernetzen, sondern darum, ganz konkrete Probleme in einem geschützten Raum auf Augenhöhe zwischen Praktikerinnen ganzheitlich zu betrachten und im Idealfall zu lösen. Das stärkt ganz nebenbei auch die Akteurinnen. Denn man merkt, man kämpft nicht allein an den gleichen Themen und auf viele Fragen muss man sich nicht allein stürzen. Dieser Aspekt ist grundsätzlich nicht zu unterschätzen. Für einen solchen branchenübergreifenden Austausch im sogenannten pre-competitive Space braucht es aber den Mut, sich zu öffnen. Schwächen und Fehler einzugestehen und Erfolgreiches abseits vom üblichen PR-Blabla zu teilen. Und dazu müssen diese Durchlässigkeiten zwischen unterschiedlichen Organisationen zugelassen, im besten Falle institutionalisiert werden. Ich gehe sogar so weit, dass wir es uns als Wirtschaftsstandort Deutschland heute gar nicht mehr leisten können, keinen übergreifenden und gesellschaftlich breit aufgestellten Dialog zu etablieren, um nicht den Anschluss an die aktuell dominierenden Wirtschaftsstandorte zu verlieren.

Es gilt daher auch, Egos und Eitelkeiten zu überwinden, um gemeinsam ein neues Verständnis für eine soziale (und ökologische?) Marktwirtschaft auszuhandeln. Idealerweise basierend auf den europäischen Grundwerten und einem geteilten Demokratieverständnis. Die Herausforderungen, vor denen wir in unseren Organisationen und in der Gesellschaft insgesamt stehen, sind viel zu groß, als dass sie irgendjemand allein lösen wird. Wir sollten versuchen, die Buntheit und die Perspektiven möglichst vieler Wirtschaftsakteurinnen für uns als Gemeinschaft nutzbar zu machen, um zu besseren und gesellschaftlich tragfähigen Lösungen zu kommen. Und das wäre dann auch mal echte und gelebte Diversität.

Und jetzt?

Zum Abschluss ist es mir wichtig, noch einmal die wesentlichen Aspekte kurz und bündig zusammenzufassen. Manches mag trivial klingen, anderes vielleicht neu. Einfach umzusetzen ist davon tatsächlich leider nichts. Wir fangen daher noch einmal bei null an. Du hast in deiner Rolle erkannt, dass es einer kulturellen Veränderung bedarf. Vielleicht bist du sogar mit dieser beauftragt worden. Worauf solltest du achten und was beherzigen, um wirklich einen nachhaltigen Wandel zu ermöglichen?

Vergewissere dich, welches Problem ihr lösen wollt. Warum braucht es jetzt einen kulturellen Wandel? Es macht immer Sinn, dass man kognitiv versteht, was das Problem ist. Ohne das geht es nicht. Sich zu wandeln, um sich zu wandeln, funktioniert nicht. Es fällt einer Gruppe von Menschen einfach wahnsinnig schwer, ein (vormals) erfolgreiches Verhalten zu überwinden, ohne zu wissen, was die Ratio dahinter ist. Stell sicher, dass die Menschen, die in deinem System hierarchisch am mächtigsten sind, den Wandel wirklich wollen. Und zwar alle und nicht nur ein paar. Fang nicht an und mach nicht weiter, wenn du dieses Commitment nicht hast oder bekommst. Es ist nicht deine Verantwortung, dass die Kultur so ist, wie sie ist. Es ist aber deine Verantwortung, bei Menschen keine Erwartungen zu wecken, die mit der allergrößten Wahrscheinlichkeit enttäuscht werden. Starte einen Prozess und kein Projekt. Nur ein offener und partizipativer Prozess erlaubt es dir, ausreichend Freiraum für dein Vorhaben zu schaffen. Leb sofort die Werte vor, für die ihr angetreten seid. Führ aus der Zukunft. Nichts ist unglaubwürdiger, als Wasser zu predigen und Wein zu trinken. Das heißt nicht, dass alles gelingen muss. Schon gar nicht zu Beginn. Arbeite an dir selbst und dich an deinem Verhalten ab, bevor du von anderen diese Dinge erwartest. Du solltest das Role-Model der neuen Kultur, der neuen kulturellen Elemente sein. Nimm dir Zeit, hab einen langen Atem und eine hohe Frustrationstoleranz. Das allermeiste wird nicht gelingen. Überfordere dich nicht und sei fokussiert. Denk dran, dass es primär um das Lernen geht. Also immer schön locker bleiben. Die Reise wird anstrengend genug.

Denk die Kultur immer holistisch. Alle Mitarbeitenden. Alle Funktionen. Alle Hierarchieebenen. Alle Tätigkeitsfelder. Ohne Ausnahme. Ohne Kompromisse. Binde so viele Perspektiven ein wie möglich. Nur dann ist der Prozess wirklich holistisch. Das bedeutet auch, dass ein solcher Prozess in seiner Grundstruktur partizipativ, offen und inkludierend angelegt sein sollte Kopple Freiheit und Verantwortung. Wenn du etwas verändern willst, dann braucht es die Freiheit und die Räume, Dinge anders zu machen können als bisher. Menschen wachsen über sich hinaus, wenn sie wirklich einen Unterschied machen können. Und gleichzeitig braucht es Verantwortung, weil es sonst an Zug und Performance-Orientierung fehlt. Es geht nicht um schöner wohnen, sondern darum, euer Problem zu lösen. Und vergiss nie: Du bist nicht allein. Schaff dir ein Netz an Unterstützerinnen. Innerhalb und/oder außerhalb deiner Organisation. Konzentrier dich auf die Leute, die Lust haben, und bau mit diesen an einer neuen Realität.

Wir sind viele.

Und wir sind alle Hello.Beta.

Engagierte Menschen, die etwas verändern wollen.

Gestaltende einer Zukunft von Gesellschaft, Arbeit, Natur und Mensch.

Beta heißt vorangehen, korrigieren oder aufhören.

Damit es weitergehen kann.

Los geht's.

Hello.Beta

Weil ich absolut davon überzeugt bin, dass alles, wirklich alles, was digitalisiert werden kann, digitalisiert werden wird und sich daraus eine Vielzahl von Herausforderungen und Fragen ergeben, braucht es einen Ort, um gemeinsame und tragfähige gesellschaftliche Antworten zu finden. Diese Fragen gehen uns alle etwas an. Viele engagierte Menschen setzen sich mit ihnen bereits auseinander und arbeiten an Lösungen. Wir sind daher heute schon viele. Und alle sind wir Hello.Beta. Weil wir wissen, dass es um viel mehr geht als um die Zukunft der Arbeitswelt. Es geht um den Menschen in der Gesellschaft; es geht um die Balance zwischen Ökonomie und Natur. Der Blick reicht vom Bildungswesen über das Rechtssystem bis hin zur Wirtschaft. Alle Fragestellungen sind grundlegend und elementar. Es geht am Ende um nicht weniger als die Gestaltung unseres Zusammenlebens in der Zukunft. Heute gibt es zu wenig Raum für einen solchen gesamtgesellschaftlichen Dialog, in dem wir gemeinsam herausfinden, wie wir in einer digitalisierten Welt leben möchten. Wo auf Basis eines geteilten Demokratieverständnisses ausgehandelt wird, was unser Betriebssystem für die Zukunft sein soll.

Hello.Beta wird ein solcher Ort sein. Eine Stätte der Begegnung. Ziel ist es, einen gemeinsamen Anspruch, eine gemeinsame Ambition für unser Zusammenleben zu entwickeln. Dabei ist es egal, ob du in einem Unternehmen, einer Institution, einer Behörde oder einer NGO arbeitest. Wir wollen möglichst viele – am besten alle – Perspektiven zusammenbringen in einem geschützten Raum und offen und auf Augenhöhe dieser Utopie ein Stück weit näher kommen. Wir wollen voneinander lernen, unser Wissen teilen und gemeinsam wachsen. Hierfür werden wir Best und vor allem Next Practices teilen, stehen als Begleiter von Transformationsprozessen zur Verfügung und können sowohl strategisch als auch operativ bei der Umsetzung und Implementierung helfen.

Der Anspruch ist hoch. Als offene Plattform konzipiert, werden wir gemeinsam diesem Anspruch gerecht. Hello.Beta bedeutet so auch immer, voranzugehen und die (Aus-)Richtung zu korrigieren, wenn es notwendig ist. Es heißt aber manchmal auch einfach, mit Dingen aufzuhören, damit es echten Fortschritt gibt. Hello Beta!

Finanzierung

Ich mag es, mein Wissen und meine Erfahrungen zu teilen. Nur so kann man gemeinsam wachsen. Aber hey – natürlich muss ich auch irgendwie meinen Lebensunterhalt verdienen. Deshalb vertraue ich darauf, dass sich genügend Menschen finden, die das genauso sehen wie ich und daher bereit sind, einen Teil der Kosten von Hello.Beta zu tragen. Am Ende bleibt es aber ein Experiment. Und glaubt mir: Niemand ist gespannter als ich, ob das so aufgeht.

Der Plan ist, Supporterinnen zu finden, die mit einmaligen oder regelmäßigen kleinen oder großen freiwilligen Zahlungen helfen, die Vision der Begegnungsstätte wahr werden zu lassen. Lass uns, was die Transparenz angeht, direkt hier und jetzt anfangen: Ich habe dir dieses Buch geschenkt, weil ich daran glaube, dass wir gemeinsam Verantwortung für eine lebenswerte und auf den europäischen Werten basierende Zukunft übernehmen sollten. Natürlich ist es nicht einfach, genau herauszufinden, was dieses Buch mich eigentlich gekostet hat, um einen fairen Preis zu ermitteln. Schon deshalb, weil ich das große Glück hatte, immer Freundschaftspreise aus meinem Netzwerk zu erhalten. Manche Kosten sind dennoch eindeutig (Versand, Registrierungen und Legal etc.). Manchen Kosten kann man sich zu nähern versuchen (Satz, Lektorat und PMO etc.). Und das allermeiste ist einfach unbezahlbar (Leidenschaft, Anspruch und die Zeit aller Beteiligten). Trotzdem möchte ich euch, so gut es mir eben möglich ist, einen Überblick verschaffen:

Konzept, Artwork und Satz	ca. 9.000 €
Produktion, Lektorat und Druck	ca. 8.000 €
Verpackung und Versand	ca. 4.000 €
Projetkorganisation und Legal	ca. 5.000 €

Wie viel es dir wert ist, das entscheidest am Ende du. Als Anhaltspunkt könnten dir andere Bücher dienen. Vergiss bitte nicht, dass ein Teil der Leserschaft es sich gegebenenfalls nicht leisten kann, für dieses Buch zu bezahlen. Unter www.hello-beta.org/transparenz findest du regelmäßig Updates zur Anzahl der versendeten Bücher und auch zu den Einnahmen. Leider handelt es sich bei einer freiwilligen Zahlung nicht um eine Spende, sodass natürlich die üblichen Steuern (Umsatzsteuer, Einkommensteuer etc.) davon abgeführt werden. Am einfachsten ist es, wenn du Member im Hello.Beta Hub wirst: http://www.hello-beta.org/onboarding

Wenn du die grundsätzliche Idee von Hello.Beta unterstützen möchtest, melde dich einfach via E-Mail bei mir: tobias.krueger@hello-beta.org

Und wer es klassisch mag, kann natürlich auch gerne überweisen:

Hello.Beta Hub GmbH
IBAN: DE16 1101 0101 5504 7933 70
BIC: SOBKDEB2XXX
Solarisbank
Verwendungszweck: Hello.Beta Book

Für alle, die gerne eine Rechnung haben möchten: Schickt mir einfach eine E-Mail mit dem entsprechenden Betrag (brutto/netto bitte nicht vergessen) an: tobias.krueger@hello-beta.org

Danksagung

Hey – natürlich haben es superviele Leute verdient, dass ich mich bei ihnen bedanke. Und das mache ich wirklich gerne, denn ohne jede von euch wäre dieses Buch nicht möglich gewesen. Und ganz klar, der größte Dank gebührt natürlich meiner Familie. Meiner Frau, meinen Kindern, meinen Eltern, meinen Geschwistern und deren Partnern und Partnerinnen. Ihr alle habt nicht nur immer an mich geglaubt, sondern mit eurer ganzen Expertise und eurem Vertrauen die Grundlage für dieses Abenteuer geschaffen. Gleiches gilt für meine Freunde und Partner. Per Wolter mit seinem Designstudio The New Radiance hat nicht nur die tolle Kreation zu diesem Buch beigesteuert (wie auch sonst in unzähligen Projekten in den letzten zwölf Jahren), sondern ist darüber hinaus der beste Sparringspartner, den ich mir vorstellen kann, wenn es darum geht, komplexe Themen griffig und kommunikativ anschlussfähig zu machen.

Und Kudos gehen raus an alle meine Wegbegleiter und Wegbegleiterinnen in den letzten Jahren. Meine alten Vorgesetzen, Mitarbeitenden und Kollegen sowie Kolleginnen. Ich bin mir sicher, dass all, die damit gemeint sind es genau wissen, wenn sie diese Zeilen lesen. Und natürlich habe ich mich bei wirklich jeder Gesprächspartnerin und jedem Gesprächspartner zu bedanken. Egal ob 1:1, Paneldiskussion, Q&As auf Bühnen. Eure Fragen haben meine Perspektiven geschärft. Die Einblicke, die ihr mir erlaubt habt, sind Teil meiner Erfahrungen geworden. Und unsere gemeinsamen Erfahrungen haben mir das Lernen erlaubt.